STEFAN CASTA · BO MOSSBERG

Blomstertider

Våra landskapsblommor och
en årskalender med blomsterspråket

Wahlström & Widstrand

Typografi Anders Rahm
Omslagsbild: Prästkragar och fläckig blombock
Tryckt hos Fälths Tryckeri, Värnamo 1993
ISBN 91-46-16446-4

Du sade: en Blomma utan namn
är som en Klåcka utan kläpp
Och ditt namn, Linné:
kläppen som ringer och spelar
i vår stora klocka
fägnaden, den svenska sommaren –

ANN MARGRET DAHLQVIST-LJUNGBERG,
Sommarpredikan, ur *Rapport om öar*, 1957

INNEHÅLL

BLOMSTERTIDER FÖRR OCH NU

Några tankar kring en bok om landskapens blommor

HAR LANDSKAPSBLOMMORNA något att säga oss idag?

Ja, jag tror det.

De är bitar i ett stort naturpussel som är mycket spännande att närma sig och försöka lägga på plats.

Vår flora, liksom hela naturen omkring oss, är stadd i förvandling. En del av det får skyllas på våra förehavanden, vår okunnighet, vår okänsliga framfart i naturen.

Men förändring – utveckling – är också ett naturligt tillstånd, trots att vi nog ofta föreställer oss naturen som något statiskt, oföränderligt perfekt, vars balans absolut inte får rubbas.

Det är alldeles sant – och ändå alldeles osant!

Det är en fråga om perspektiv, om tidsperspektiv.

Genom att förstå hur naturen på ett naturligt sätt förändras, hur blommor kommit och gått, kan vi kanske också få upp ögonen för den onaturliga och kortsiktiga förändring vi människor nu åstadkommer.

Somliga växter har funnits här ända från tiden när inlandsisen började smälta för 13 000 år sedan. Ölands solvända, Lapplands fjällsippa och Östergötlands blåklint är tre av Sveriges äldsta blommor. De står kvar från tiden när vårt land var en tundra.

Under en värmeperiod för 8 000 år sedan var delar av Sverige täckta av "djungel" i form av en gigantisk ädellövskog med helt andra förutsättningar: då kom Västmanlands mistel och Gotlands murgröna. När klimatet försämrades framåt tiden för Kristi födelse, vandrade Medelpads gran och Smålands linnea in i landet, hand i hand bildligt talat.

Kanske är så många som hälften av växterna i vår flora invandrare. De har funnit sin plats i de landskap som människan och hennes boskap under de senaste årtusendena format av det skogiga Sverige. Det gäller t ex Skånes prästkrage, Dalarnas ängsklocka och Upplands kungsängslilja som anses vara sentida importer. Många fler har gynnats av kulturen: Närkes gullviva, Gästriklands liljekonvalj, Jämtlands brunkulla, Västergötlands ljung, Norrbottens åkerbär, Ångermanlands styvmorsviol.

De starka banden mellan naturen och kulturen är en av nycklarna till förståelsen av vår flora.

Det är min förhoppning att detta tema, blommornas ursprung och historia – kort sagt deras blomstertider i Sverige – ska vara en skör men dock skönjbar tråd i boken. Denna tidstråd går på sätt och vis igen också i den del som är tänkt att fungera som en blomsterkalender där varje dag har sin blomma och sitt blomsterspråk. Den är baserad på de gamla blomsterspråk som förekom i flera tolkningar under 1800-talet. Det är veterligen första gången det sammanställts i form av en almanacka. Och visst är det väl lockande än i dag, att kunna tala blommornas språk?

Våra landskapsblommor utsågs 1908. De utgör en, minst sagt, brokig samling växter, som i förstone kan tyckas både förlegad och väl löst hopkommen. Här ryms så olika växter som näckros och lin, vid sidan av sällsynta arter som hårginst och mosippa.

Efter att ha tillbringat en hel sommar i detta sällskap tycker jag mig ha funnit att de var och en gett mig en liten ledtråd, sin pusselbit, till förståelsen av vår natur och våra kulturlandskap. Inte minst just tack vare olikheten, mångformigheten!

Det är min och Bo Mossbergs förhoppning att denna lilla bok ska uppfattas och läsas som en kärleksförklaring till växterna omkring oss. För många av dem är klockan bokstavligt talat fem i tolv. Det är hög tid att vi återupptäcker och bevarar våra blommande svenska landskap.

Stort tack till botanisten Lennart Stenberg som hjälpt mig med funderingar kring växternas ursprung och läst manus.

Humlamaden i augusti 1993 *Stefan Casta*

Fjällsippa

Dryas octopetala

OM MAN ÄR intresserad av ”blomstertider”, av att försöka förstå hur växter kommit och gått i vår natur och våra kulturlandskap, så är det kanske lika bra att börja från början, på dryastiden. Det är ett geologiskt tidsbegrepp som fått sitt namn av fjällsippan, eftersom den var oerhört vanlig under den epoken.

Dryastiden inföll för i runda tal 13 000 år sedan. Då pågick inlandsisens avsmältning som bäst i Sydsverige. Några tåliga tundraväxter följde iskanten norrut genom Sverige. Dessa pionjärväxter, förutom fjällsippan t ex solvända, malört, groblad, blåklint, mållor och havtorn, skrev det första kapitlet i den nordiska florans historia.

Att istider verkligen förekommit har inte alltid varit allmänt accepterat. Ännu på 1700-talet tolkades spåren efter avsmältningen som bevis på syndafloden. Men 1870 fann en geolog och botanist stora mängder fjällsippsblad i leravlagringar från tiden när den eventuella isen antogs ha smält. Fyndet gjordes inte i Lappland – utan i närheten av Malmö i Skåne!

Senare påträffades samma karakteristiska blad på många andra håll i södra Sverige, liksom i Danmark och delar av norra Europa. Det blev något av det slutgiltiga vetenskapliga beviset för att det en gång rått tundraklimat i dessa områden och att istiden verkligen existerat.

I vår tid är fjällsippans domäner begränsade till fjälltrakterna. Den förekommer i så gott som alla högländta områden i Europa och bildar ibland stora s k dryashedar, där det förutom tusentals sippor även blommar purpurbräcka, lapsk alpros och många andra rara nordliga växter. Dessa blommande hedar är fjällvärldens viktigaste växtsamhällen.

Att just fjällsippans blad skulle klara tusentals år i leran är ingen tillfällighet. Som den härdiga växt den är är alla dess delar anpassade för att klara svåra förhållanden. Den är förankrad i fjället med en pålrot och grenarna är förvedade. Den växer mycket långsamt, lågt krypande. De vintergröna bladen är läderartade och breder ut sig som mattor på fjällhedarna. En fjällsippa anses kunna nå den aktningsvärda åldern av 100 år.

Bladen ingår i s k schweizerte som anses vara aptitretande och stimulerande för matsmältningen. Man har även gjort ett "gurgelvatten" av dem och i folkmedicinen har de använts mot reumatism.

"Ödmjukheten är skön", säger fjällsippan i det gamla blomsterspråket. Kanske syftar den på sina egna familjeförhållanden. Visst för både namnet och de vita blommorna tanken till sipporna, och framförallt påminner fröställningen om den hos t ex backsippan. Men någon sippa är det inte. Den snövita fjällblomman är botaniskt sett en liten buske som hör till självaste rosfamiljen. Utan törnen visserligen men med en skäggig stjälk, som det anstår en gammal istidsros.

Åtskilliga av fjällflorans stora sällsyntheter hör hemma i fjällsippsheden. Därför kan en fjällbotanist knappast ha en bättre regel att följa än den att om möjligt aldrig sätta sig ned och vila annat än i Dryas-hed. Om han lyder den, kan han vara övertygad om att också vilopauserna fylls ut av upptäckter bland växtvärldens pygméer, som man knappast kan se när man står upp.

STEN SELANDER, *Det levande landskapet i Sverige*, 1957 (-87)

Fjällsippan är ganska vanlig på kalkrik mark ner till Härjedalen. Dvärgbuske med förvedade grenar och vintergröna blad. Juli–aug. 5–12 cm hög. Flerårig.

Ursprung: inhemsk, en av Sveriges äldsta växter som blommade i de första landskapen, medan mammutar, vildhästar och – inte minst – vildrenar strövade där.

Engelska: wood avens, franska: dryade à huit pétales, tyska: Achtblättrige Silberwurz.

På svenska kallades den ofta för sitt vetenskapliga namn, dryas.

Fjällsippesläktet rymmer ett tiotal arter som främst hör hemma i arktiska trakter. Tillhör familjen rosväxter, *Rosaceae*. Latinets *dryas* av grekiskans dryas, som betyder trädnymf. Detta ord kommer i sin tur ur drys, som betyder ek och syftar på blommans styva eklövsliknande blad. *Octopetala* betyder med åtta kronblad.

Åkerbär

Rubus arcticus

HUR SMAKAR ÅKERBÄR?

Frågan är nog berättigad ty åkerbär kan visserligen växa långt ner i Mellansverige men sätter sällan frukt söder om mellersta Norrland. Det behöver långa ljusa sommarnätter och riktigt vanligt är det bara i de norr- och västerbottniska tassemarkerna. Det är alltså få förunnat att njuta av det bär som mer än en bärboksförfattare har utnämnt till ”världens förnämsta hushållsbär”.

Redan Linné var förtjust. Han ägnade mycket stort utrymme åt bäret i sin lappländska flora och förklarade själv varför: ”Jag skulle vara otacksam mot denna välgörande växt, hvilken med sina bärs vinlika nectar så många gånger återeldat mig då jag nästan dignade av hunger och trötthet, om jag icke lemnade fullständig beskrifning på densamma.”

Det har kallats Nordsveriges hallon, vilket ger en handfast bild av bärets utseende och släktförhållanden men samtidigt förringar det en smula. Inget ont om hallon men åkerbär är de inte.

”Åkerbär är ytterst svårplockade”, berättar en bekant med rötter i skogarna i Härnösandstrakten, ”de blir gärna mos redan i handen, eftersom de sitter så hårt att dutten i mitten ofta följer med.”

Smaken då? Ja, den skiljer sig från norrländska lingon

och hjortron. Här finns ingen kärvhet, ingen bitterhet, ”åt björnbärshållet men mustigare, friskare och varmare”, förklarar min vän och tillägger efter en norrländsk tankepaus: ”Det smakar sol och sommar – med ett stänk av honung i!”

Den säregna aromen brukar beskrivas just i termer av vin och honung och det finländska namnet på bäret, och på den välkända åkerbärslikören, Mesimarja, betyder honungsbär. Om denna likör tycks för övrigt meningarna gå isär. Många lovprisar den, andra tycker att dess tunga sötma dränker bärens egen arom. De sistnämnda har ätit färska åkerbär.

Åkerbärets blommor är vackert rosenröda men bärens färg är svårare att återge. De flesta beskrivare lutar åt kombinationen ”brun-grön-röd” men även inslag av grått och violett förekommer.

Tyvärr tyder tecken i tiden på att åkerbär blir allt sällsyntare också i sina norrbottniska kärnområden. Det är kulturgynnat och verkar trivas särskilt väl just i mötet mellan människa och vildmark. Något åkerbär i ordets egentliga mening är det inte, snarare ett ängsbär, skapat för fuktiga norrländska slåtterängar och solbelysta inägor i den eviga skogen. Att ha ett eget åkerbärsställe är mångdubbelt finare än ett aldrig så pålitligt kantarellställe.

Och den som undrar varför norrbottningarna valt detta tämligen obekanta bär istället för det vittomtalade hjortronet har nu förhoppningsvis fått en del av svaret. Som symbol för Norrbotten är bara det bästa gott nog.

När allt annat har blommat slut i övre Norrlands kustland kan man fortfarande vila sina ögon på åkerbärsblommorna. De står som små raka rosenfärgade vitsippor i dikesrenar och grässlänter. Den sylt och likör man gör av åkerbäret har en säregen parfymsmak.

Elsa Haglund, *Vad markerna ger*, 1966

Åkerbär förekommer rikligast i Norrbottens och Västerbottens kustland. I fuktiga, kalkfattiga gräsmarker, på slåtterängar, i gläntor och dikeskanter. 10–20 cm hög med trefingrade blad. Blommar i juni–juli. Bäret mognar i augusti. Flerårig.

Ursprung: inhemsk. Anses ha varit ett mycket uppskattat inslag i födan för jägar- och samlarfolk som levde för omkring 8 000 år sedan.

Engelska: arctic raspberry, franska: framboise arctique, tyska: Nordische Himbeere.

Gamla namn: åkerbärsrijs med svarte honingssöte bär, jungfrubär, vikon, byttbär, mobär, åbär, åkerhallon, aikonbär, håningsbär m fl.

Tillhör det omfångsrika och snåriga hallonsläktet med tusentalet arter. I vårt land finns hallon, hjortron, stenbär, blåhallon och björnbär. Enbart björnbären förekommer i mer än 50 skilda småarter i Sverige. Släktet tillhör familjen rosväxter, *Rosaceae*. *Rubus* är det latinska namnet på hallon och betyder med röda bär. *Arcticus* betyder arktisk.

Kung Karls spira

Pedicularis sceptrum-carolinum

KUNG KARL är den ståtligaste av samtliga spiror i vårt land och ett kännetecken är att den höga stjälken alltid är mer eller mindre bladlös. Lär man sig namnet på göteborgska, kung ”Kal”, finns chansen att man känner igen den direkt om man råkar möta den under en sommarvandring i fjällen.

Den anses av många vara fjällvärldens vackraste växt. I landskapet Västerbotten spirar den dock inte särskilt talrikt. Den är mera hemma i den lappländska fjällnaturen.

Efter vilken av alla Sveriges Karlar är blomman uppkallad? I växtlitteraturen tycks viss oenighet råda. Än uppges Karl XI som förebild, än anförs Karl XII som den som ska ha gett blomman namn.

Växten beskrevs av Olof Rudbeck när han 1695 reste i Lappland. Resan företogs på Karl XI:s uppdrag och Rudbecks namn på blomman, *Sceptrum carolinum*, Karls spira, bör rimligen ha tillkommit med tanke på detta.

Men komplikationer tillstötte. När Rudbecks arbete publicerades 1701 hade Karl XI dött och efterträtts av sin tonårige son. Växtbeskrivningarna från Lappland tillägnades, lämpligt nog, den nye konungen Karl XII. Och Rudbeck framhöll diplomatiskt, att örtens namn var till minne av Karlarnas ärofulla bragder. Så på sätt och vis får väl namnet sägas ha hämtat inspiration från både Karl XI och

Karl XII. I Norge saknar namnet helt inslag av egennamn, där heter den kort och gott kungsspira.

Kung Karl har vissa egenheter. En är den kungliga ovanan att beskatta lägre stående i samhället. Spiran är nämligen en halvparasit, med ett svagt eget rotsystem, som söker upp omgivande växters rötter och suger näring ur dem. Kanske är det härifrån som blomsterspråkets skapare hämtat inspiration. Enligt detta betyder Kung Karls spira ”du behärskar mig”. Behovet att dominera delar den med flera växter i lejongapsfamiljen, t ex natt och dag och skogskovall, vilka snyltar på det omgivande gräset.

En annan egenhet är att blommorna alltid är slutna. Ytterst få insekter förmår därför befrukta dem. Bara riktigt tunga humlor, det vill säga i praktiken humledrottningar, klarar av att bända isär de kraftfulla läpparna och tränga ner till den gyllene nektarn.

Det kan ju vara passande att det är naturens drottningar som befruktar kung Karl.

En ringa skänk, dock av mig ringe största gåva,
som tjäna bättre vår kung än norska spiran gör,
att den som konung Karl i världen vördas bör
den måste honom ock för denna spiran lova,
hvars blomma lik en hielm så gul som gullet lyser
med blek och blodig mun samt blod-bestenkte blad.

Olof Rudbeck den yngre, blommans upptäckare.
Dikt, tillägnad Karl XII, i *Lapponica Illustrata*, 1701

Kung Karls spira är vanligast i fjälltrakterna men förekommer även på andra håll i landet. I fuktiga ängsmarker, längs älvar och i kanten av myrar. En av fjällvärldens mest iögonfallande växter, kan bli närmare meterhög och blommar i juli–augusti.

Ursprung: inhemsk. Relikter finns ännu i Sydsverige. Missgynnas av igenväxning.

Engelska: lousewort, franska: pédiculaire, tyska: Karlszepter (eng. och fr. avser *spira*).

Gamla namn: lusegräs, lievarg, gräsvarg, kungsspira, karlsspira, kungsstav, myrkung (syftar på växtplatsen).

Det finns sju olika spiror i Sverige. Spirväxterna är ett artrikt släkte som tillhör familjen lejongapsväxter, *Scrophulariaceae*. Latinets *pedicularis* kommer av lus, ett avkok på flera arter av släktet har använts mot löss. *Sceptrum* = spira.

Brunkulla

Nigritella nigra

KANSKE KAN brunkullan bli ett bevis för att det visst går att rädda hotade arter, för att vi kan vända utvecklingen om vi vill. Få vilda blommor har varit så illa ute, knappast någon har fått ett så brett folkligt stöd som denna.

Sedan sjuttiotalets början pågår en kampanj under namnet Aktion brunkulla. Man arrangerar kurser i "brunkullavård", man firar brunkullans dag (i början av juli), man inventerar och bokför antalet blommande kullor, år för år.

Ännu vid senaste sekelskiftet blommade den i slösande mängder i Jämtland. Det berättas att barn sålde buketter på järnvägsstationen i Östersund, hundra blommor för 25 öre. De var ofta plockade på den närbelägna Frösön.

Men brunkullans snabba tillbakagång beror inte bara på intensiv plockning. Den är snarare en logisk och oundviklig följd av vår ändrade användning av landskapet. Brunkullan är en kulturgynnad växt. Den kräver betade ängar, slåttermarker, fäbodvallar. När vårt behov av sådana marker minskade och ängarna började växa igen eller brukas med moderna maskiner, försvann förutsättningarna för den vackra, brunröda orkidén.

Att rädda brunkullan har därför i första hand blivit en fråga om att kunna behålla dess gammeldags ängsmarker.

Det är den enda orkidén bland landskapsblommorna, men med sitt mörkt vinröda, runda huvud är den en ovan-

ligt "lätt" orkidé. "Jag trodde först det var rödklöver", berättade en bekant som kom på besök efter att ha vandrat i österrikiska alperna sommaren 1993. Där är den vanlig och mycket populär och har många smeknamn, t ex Schokoladenblümchen och Jalousie. Det sista går igen även i norskan, där den ibland får heta svartsjuke.

Den drar till sig stora mängder insekter men troligen är det främst fjärilar som svarar för pollineringen. Det stämmer i så fall fint med den tumregel som säger att rödaktiga blommor oftast är ett fall för fjärilar.

Blomman är rik på färgämne och förr ska den ha använts för att färga både brännvinet och barnens leksaker. Det påstods att kor som åt mycket brunkulla gav lila mjölk och vaniljdoftande smör.

Vaniljdoften är för övrigt fullt märkbar när brunkullan blommar. Den har lite av den där speciella aromen som man brukar kunna identifiera i fatlagrade rödviner från Bordeaux och Rioja.

Aktion brunkulla planerar att upprätta vårdkontrakt för 25 brunkullaängar, som därigenom ska säkras för framtiden. För att kunna göra detta har man fått bedriva mångåriga studier och göra omfattande experiment. Man har försökt att i detalj kartlägga och förstå vilka faktorer i kulturlandskapet som blomman är beroende av. I framtiden ska man kunna återskapa dessa, bl a genom "imiterat bete".

Visst är det en smula förvånande ändå, att det är så komplicerat att efterlikna det som förr var alldeles naturligt?

Männen med liar brukade ju gärna hoppa över ett slag med lien. Men slåttermaskinerna gjorde rent hus på fälten. Man skulle kunna säga att lantbrukets strukturomvandling var brunkullans första katastrof. Giriga människor blev den andra. Planteringsförsök misslyckas alltid eftersom brunkullan lever ihop med en svamp i marken. Och den följer inte med vid flyttning, hur stor torva man än tar.

ULF LINGÄRDE, *Jämtlands raraste brudar*, 1981

Brunkullan förekommer endast på några få platser i norra Sverige; i Jämtland, Härjedalen samt i Lycksele lappmark. Kräver kalkrika, torra ängar och vallar. Samverkar under jorden med svampträdar som förser den med näring. Blommar i mitten av juni, ca 15 cm hög.

Ursprung: sannolikt inhemsk i fjälltrakterna, till stor del kulturbunden.

Engelska: black-orchis, franska: nigritelle à feuilles étroites (brunette), tyska: Schwarzes Kohlröschen.

Förr kallades den ofta brunstolle, stolle, brun satirört, brunyxne och brunorkis.

Brunkullasläktet omfattar bara ett fåtal arter av vilka en förekommer hos oss. Det tillhör den mycket variationsrika orkidéfamiljen, *Orchidaceae*, som är full av märkliga hybrider och underarter. En sådan är den sällsynta brudkullan, en hybrid mellan brunkulla och brudsporre. *Nigritella* kommer ur latinets *niger* och betyder svart. Artnamnet *nigra* har samma innebörd.

Styvmorsviol

Viola tricolor

När styvmorsviolen slår ut blir hela våren blå.

Den blommar visserligen ända fram mot senhösten men ingen gång är blomningen så rik, färgerna så intensivt lysande, så blå, som på våren och försommaren.

Och vissa vårar är blåare än andra.

Blomman är nämligen starkt beroende av väderleken. Den växer rikligast på sandjordar och andra riktigt karga ställen. I skärgårdarnas skrevor är den en karaktärsväxt. Men sådana miljöer innebär ett risktagande av stora mått. Ett torrår falnar blomningen snabbt. Men nederbördsrika vårar står violerna länge och blir allt djupare blå. Det skulle förr tolkas som ett tecken på en varm och solig sommar. Rätt logiskt eftersom en regnig försommar ofta följs av en hygglig högsommar.

Numera är det som bekant svårare att tolka vädertecknen, nu när ett lynnigt klimat kastar oss mellan hopp och förtvivlan och det ena väderrekordet efter det andra ryker all världens väg.

Den försommaren när jag skrev det här, den soliga, kruttorra majmånaden 1993, brann styvmorsviolerna som flyktiga, illröda bloss i sandjorden kring Veberöd i Skåne. Men i regnmånaden juli hörde jag i Riksradions Naturmorgon att man i Mellansverige pratade om en riktig ”violsommar”, de tycktes aldrig vilja sluta blomma.

Sant är att styvmorsviolen verkligen är en variabel växt. Den kan skifta i färg, liksom i storlek. Ibland slår det gula och vita igenom. Det gamla namnet trefaldighetsblomma tolkar färgerna så här: det gyllene efter Fadern, det vita efter Sonen och det violetta efter Den Helige Ande.

Hamnar den någon gång i god jord blir den hög och frodig. Då syns det ännu tydligare att detta är prototypen till våra praktfulla penséer, vilka är resultat av korsningar mellan styvmorsviolen och andra vilda violer.

Alla vårens violer är sannerligen inte heller äkta vara utan ofta följden av ett möte mellan styvmorsviolen och den oskuldsfullt vita åkerviolen. För humlorna, som tillsammans med bin och fjärilar är de som oftast förmedlar kontakten, är den gula ”smörklicken” i blommans mitt ett så kallat honungstecken som visar dem ingången till nektarn. De tunna strecken på kronbladen, som pekar in mot mitten, är en sorts vägmärken för insekter.

Det bortglömda, men ack så vackra namnet ”onyttig sorgblomma” antyder en annan sida: styvmorsviolen uppträder i massförekomster på åkrar med på tok för låga pH-värden och skriker ut behovet av kalk.

Men det sorgliga i sammanhanget får väl också sökas i det blå. Det är hoppets och längtans och melankolins färg. När styvmorsviolen hissar tricoloren för våren, blir nog somliga av oss en smula vemodiga till sinnes.

Styvmorsviolen blev på magra marker ett litet blomstrande 'trots' mot det oåterkalleliga fortgående avtynandet, en sorgebukett till en trött jord. Denna förlust av livskraft i naturen, som violerna så tappert stod emot, menade man berodde på att solen hela tiden blev svagare. Styvmorsviolen var representativ för en slocknande jord.

BJÖRN BERGLUND, ur *Ögat i blomman – tankar om penséer*, 1991

Styvmorsviolen blommar från april/maj till oktober. Växer på torrmarker, i karga klippskrevor. Vanlig upp till Piteå men förekommer också längre norrut. Ettårig. Sprids ofta av myror som älskar ett litet fettrikt bihang på fröna.

Ursprung: kan vara en inhemsk växt som från början var bunden till kusterna. Har starka "ogräsanlag" och gynnas av trädor etc.

Engelska: tricolor pansy, franska: violette tricolore, tyska: Wildes Stiefmütterchen.

Styvmorsviolen har många vackra namn: blåvisil, sol och måne, skateblomster, svalblomster, minnesviol, trefaldighetsblomma, bergblomma, länsmansstövlar, solrosor, sammetsvioler m fl. I sitt eget landskap går den ofta under namnet natt och dag, som egentligen hör till en helt annan blomma, lundkovallen.

Violsläktet omfattar 20 svenska arter och ca 400 totalt. Det hör till familjen violväxter, *Violaceae*. I tropikerna finns det rejäla grejer – riktiga violträd. Släktnamnet *Viola* tros komma av namnet på en kungadotter i de grekiska sagorna, som hette Io. Så lär de gamla grekerna ursprungligen ha benämnt violerna. År 47 före Kristus började dock Cicero använda *viola*. Artnamnet *tricolor* betyder trefärgad.

Mosippa

Pulsatilla vernalis

DEN SÄLLSYNT sköna mosippan är de torra tallskogarnas vårblomma. Den har sin främsta förekomst i höjd med Dalarna, Härjedalen, Hälsingland. Där är den en av årets första blommor, en liten sensation i de magra, grå markerna. Tjälatuppen!

Den är ingen ängsblomma, antecknade Linné, och det är sannerligen sant även om den också kan förekomma i öppnare landskapstyper som ljunghedar och torra betesmarker. Det lilla ordet ”mo” betyder ”slätmark på sand eller grus”, upplyser Akademiens ordlista. Sådana miljöer hör inte sällan till de minst näringsrika i vår natur, vilket omvittnas av blommans försynta replik i blomsterspråket: ”Jag trivs i fattigdom.”

Likt alla sippor är mosippan svagt giftig och undviks av boskap. Det är nog tur, för i de marker där den växer är betet ibland så torftigt att det är ett under att sipporna får stå ifred. I Sydsverige kan vildkaninerna ibland överraska, dessa sentida invandrare tycks ha smak för både det bittra och det beska i naturen. I Blekinge, där mosippan förekommer sparsamt, blev kaninerna så förtjusta i den att man tvingades inhägna vissa bestånd!

I mosippans nordliga hemtrakter är klimatet dock för tufft för kaniner med hemvist i Medelhavsområdet. Blomman själv är rejält påpälsad, stjälken så tätt luden att det

kan föra tanken till mjuka kamelhårsunderkläder, i varje fall tycks luddet ge ett liknande skydd under svinkalla vårnätter.

Mosippan tar det så nätt i början, blomman hänger blygt böjd, bara någon halvdecimeter över marken. Det är en försiktighetsåtgärd påkallad av minnet av det stundom nyckfulla klimatet. Efterhand blir den morskare, reser sig och höjer slutligen den sex centimeter stora blomman i en segergest.

Blommorna är först vita men antar med tiden en rosa eller blåaktig ton, precis som många åldrande vitsippor. När blomningen är lyckligt överstånden sträcker mosippan ut, av ren lättnad. Den dekorativa fruktställningen, som är full av håriga stift, når ofta 30 centimeter. Fröna seglar omsider iväg på sina långhåriga vingar. Då, om inte förr, syns också släktskapet med den blå brodern, den likaledes fridlysta backsippan.

Det finns nästan en sippa för varje naturtyp, eller biotop som biologerna säger. Gemensamt för den begränsade del av sipporna som utgörs av pulsatillorna, mosippans närmaste, är att de är torrmarkernas blommor. Det går igen i namnen: backsippa, fältsippa och nipsippa.

De som sett mosippan om våren håller den för vackrast av dem alla.

En sommarkrans –
men ej rabattens blomster.
Blott vad en vägkant gav
och dikesrenen skänkte,
och skuggan pressat fram,
ur sanka marker sjöd.

På måfå; oförhappandes;
orimligt slösande.
Där dansar fattigdom
och dignar ynkedomens bord
av sommarintets-alltets
trolleri.

ELMER DIKTONIUS, Sommarkrans, ur *Jordisk ömhet*, 1938

Mosippan förekommer på torra tallhedar och mager öppen mark. Södra och mellersta Sverige. Blommar i april–juni. 5–15 cm. Flerårig, fridlyst.

Ursprung: inhemsk. Gynnas av skogsbränder. Botaniska försök med begränsad markbränning har gett mycket positiva resultat!

Engelska: pasque-flower, franska: anémone du printemps, tyska: Frühlings-Anemone (F.-Kuhschelle).

I Härjedalen kallades den förr mofilen. Vanliga namn var också tjälatuppa, vårsippa och movippa. Bland de äldre namnen kan även nämnas guldmosippa, ljungvippa, tjälsippa, gökklocka, ljungsnöre, öxna och rusk.

Backsippsläktet rymmer fyra svenska arter och står nära *Anemone*-släktet, där resten av sipporna hör hemma. Bägge hör till familjen Ranunkelväxter. Latinets *Pulsatilla* antas komma ur verbet pulsare = slå, stöta till. Det tros syfta på att vinden får blomklockorna att röra sig. *Vernalis* betyder vårblommande.

Härjedalen – landskapet med två blommor
Härjedalens landskapsblomma är egentligen inte mosippan – utan den smörgula fjällviolen. Så blev det i alla fall bestämt från början, år 1908, när idén om landskapsblommor lanserades. Härjedalen fick då fjällviolen, som förekommer ganska rikligt i landskapets västra delar. Emellertid hade mosippan många förespråkare och med åren kom den, allt oftare, att nämnas och avbildas som Härjedalens landskapsblomma.

MEDELPAD

Gran

Picea abies

NÄR GRANEN blommar sitter kottarna som tända ljus, uppåtriktade och lysande röda. Några veckor senare, när de är stora som prinskorvar, vrider de sig sakta nedåt. Då sker förvandlingen från fagra honblommor till vardagliga kottar. Men en kort tid förblir de hängande småkottarna varmt röda, som av kvardröjande upphetsning.

Vid blomningen sprids enorma mängder gult pollen från hanblommorna, som sitter som runda knappar på grenspetsarna. Det lägger sig över sjöar, täcker hustak, bilar, cyklar, marken, allt, allt. Man har beräknat att våra granar och tallar tillsammans sprider 400 000 ton pollen över Sverige varje försommar.

Pollen tillhör de få naturmaterial som inte bryts ner, det är ett evighetsmaterial som lagras i marken. För växterna är det ett slags fingeravtryck, varje art har sin speciella form på pollenkornen. Därför kan forskare som gräver sig ner genom markskikten få en ganska bestämd bild av hur floran förändrats genom årtusendena.

Granen var ett av de sista träden som fick rotfäste i vårt land, björken hörde till de första. Granen, som kom från nordost, stod bokstavligt talat vid gränsen och tvekade i 10 000 år. Det var för varmt i Sverige på den tiden.

Den kom via Finland, från den väldiga ryska taigan, och anses ha nått Sverige när klimatet åter började bli svalare i

värmeperiodens slutskede för 6 000 år sedan. Men först ca 1 000 år f Kr, under den s k fimbulvintern, fick spridningen fart på allvar och granen kunde ta stora delar av landet i besittning.

Vill man skåda ännu längre tillbaka, kan man konstatera att det före den senaste ca 100 000 år långa nedisningen växte gran ända nere i Sydskåne och Danmark – dit har den ännu inte återvänt. Men det är en annan historia.

Idag är den vår utan jämförelse viktigaste ”vilda” växt. Vartannat träd i Sverige är en gran. Den ger råvara till massaindustri och sågverk. Av kådan görs en läkande salva, av långsamväxande norrländska granar görs ”locket” till riktigt fina fioler. För att nu bara nämna något.

Granarna står tämligen tätt i vår litteraturhistoria också, Viktor Rydbergs rader är ofta citerade:

Var än du fjärran är, så lyss till suset
av granen skuggande din moders hydda!
Du helga träd, du alltid sommarprydda,
som stiger himmelssträvande ur gruset.

På hösten är kottarna mogna och fulla av svarta frön. De sitter väl skyddade innanför de styva kottfjällen. Varje frö har en ljus vinge och liknar en liten dagslända. De fettrika fröna är prima vinterföda för ekorrar, hackspettar, skogsmöss och korsnäbbar. De kottar som blir kvar öppnas av solvärmen på senvintern, och frösländorna fladdrar ut och sprids.

Några månader senare tänder granarna åter sina röda ljus.

Gran står tätt invid gran.
De schalar sig samman
håller ett barrbrätte över linneornas klockor.
Lågt fladdrar gräsmottet framåt
med ohörda vingslag.
Här viskar skogen i Norden
sin minsta visa.

HARRY MARTINSON, *Tuvor*, 1973

Granen kan bli upp till 40 meter hög och ca 400 år gammal. Trivs på frisk, gärna fuktig och näringsrik skogsmark. Hela landet utom sydligaste Skåne och delar av västkusten. Blommar i maj–juni. Pollineras av vinden. Byter barren efter 5–7 år, vid stress tidigare.

Ursprung: ett av de sista träden som invandrade i vårt land efter istiden.

Engelska: Norwegian spruce, franska: sapin, tyska: Fichte (Rottanne). Gamla svenska namn: röd tall, granträ, grå, grän, grane, svensk gran m fl.

Gransläktet rymmer ett 40-tal arter varav många återfinns som prydnadsträd i våra trädgårdar men bara en är vildväxande. Hör till familjen tallväxter, *Pinaceae*. *Picea* kommer av det latinska ordet pix som betyder beck och ska utläsas "trädet som ger beck". *Abies* är det latinska namnet på ädelgran.

Fler träd var från början tilltänkta som landskapsblommor. För Hälsingland hade tallen reserverats, för Skånes del var boken på förslag.

Ekorrgnagd kotte

Lin

Linum usitatissimum

För lite mer än 100 år sedan inföll linets blomstringstid i Sverige, inte minst i Hälsingland där vart och vartannat lantbruk odlade denna inkomstbringande nyttoväxt. Då lyste linåkrarna som blå sommarhimlar i det skogiga landskapet, då byggdes vattendrivna skäktar vid minsta bäck, då vävdes de förnämsta tyger som skapats i Sverige.

Totalt odlades kring 1860-talet ca 16 000 hektar spånadslin i landet, nu är arealen nästan försumbar. Linet, som betydde så mycket för hälsingebonden, har blivit ett fall för kulturvårdare och ideella entusiaster.

Den som sett en knähög linåker i juli faller pladask för de ljuva blekblå blommorna. Blommans frön är mycket oljerika och linoljan som utvinns ur dem är fortfarande en viktig ingrediens i bl a fernissa och målarfärg. Den är utmärkt även som matolja! Oljan har de senaste åren rönt allt större uppmärksamhet och odlingen av den sortens lin, oljelin, ökar, inte minst i Örebrotrakten som är Sveriges nya lincentrum.

Men det är de tunna, stela stänglarna som bär upp de blekblå blommorna, som rymmer det största miraklet. Inuti de styva stråna döljs den finaste bastfiber som tänkas kan: mjuk som katthår och stark som nylon.

För att av denna utsökta råvara få lingarn, som kan vävas till linne, krävs som bekant många och krångliga arbets-

moment. Det skördade linet ska först torkas, därefter repas så att fröställningarna avskiljs, sedan rötas så att de hårda stjälkdelarna mjuknar och kan skiljas från fibrerna, sedan bråkas, skäktas och häcklas. Dvs bearbetas med olika fiffiga redskap så att fibrerna blir alltmer frilagda, allt mjukare.

Själv får jag medge att jag under skoltiden kände en lätt olust inför detta hantverk. Att sjunga ”Nu ska vi skörda linet idag, häckla det väl och spinna det fint . . .” fyllde mig med osäkerhet eftersom ord som häckla, bråka och skäkta var fullständigt utan mening och sammanhang. Jag hoppades att jag aldrig skulle behöva komma i kontakt med detta okända hantverk som tycktes krångligare än till och med matematik.

Nu har linet tyvärr nästan försvunnit från marknaden, det är *för* hög kvalité, för dyrt nu när boutiquer och varuhus vräker ut travar med maskintillverkade engångskläder. Vem vill då ha äkta linne? Vad hjälper det att linblomman enligt blomsterspråket vädjar: ”Vill du aldrig bönhöra mig?”

Linet är den enda landskapsblomman som är en ren kulturväxt. Hälsingarna tilldelades först tallen, senare föreslogs vitsippan. Men man framhärdade i valet av det älskade linet. Det är en väl vald symbol för förhållandet mellan natur och kultur, när det är som bäst.

Det har odlats i vårt land sedan järnåldern, i Egypten sedan minst 5 000 år. De berömda mumierna är svepta i linne. Så länge har denna växt varit vid människans sida, att ingen minns den som vildväxande någonstans på jorden.

Bred kläden och dukar på bord och bänk:
mot sjunkande, skyröd kväll
vill jag se de vita smyckenas blänk
och brokig bonad och dräll.

Där ligger den brudstass andlös och tom
som burits på klappande bröst.
Hur fjärran den vår då dess lin stod i blom,
och hur fjärran dess spånadshöst!

Erik Axel Karlfeldt, Träslottet, ur *Flora och Pomona*, 1906

Lin är en gammal kulturväxt som någon enstaka gång kan påträffas förvildad. Den blir 30–80 cm hög, blommar i juni–aug med blekblå – eller ibland vita – blommor. Ettårig.

Linets ursprung är, märkligt nog, okänt och det förekommer ingenstans som vildväxande. Troligen härstammar det från Sydvästasien och Medelhavsområdet.

Engelska: flax, franska: lin, tyska: Saat-Lein (Flachs).

I Sverige har i stort sett bara förekommit två benämningar på växten. Antingen har den kallats lin, vilket var det vanligaste i Svealand, eller hör, som ofta användes i sydligaste Sverige.

Linsläktet omfattar ett par hundra arter. Bara ett par finns vildväxande hos oss, vildlinet med vita blommor samt klipplin. Släktet hör till familjen linväxter, *Linaceae*. *Linum* är det gamla latinska artnamnet på lin, Linnés tillägg *usitatissimum* betyder mycket nyttig.

DALARNA

Ängsklocka

Campanula patula

VILKEN AV Sveriges tio blåklockor är "den rätta", den som ska räknas som Dalarnas blomma?

Om detta går meningarna starkt isär. Somliga håller på den vanliga blåklockan, andra förespråkar den något mindre allmänna ängsklockan, som förekommer mycket rikligt just i detta landskap.

Stundtals har känslorna varit heta och till och med våra vanligaste kvällstidningar har funnit det lönt att dra några rubriker i ärendet. Då i termer av "blomsterkrig" och "krigstillstånd i Dalarna", vilket självfallet är överdrifter men ändå – paradoxalt nog – kanske frilägger det absurda i situationen: tänk att vi människor kan strida om vad som helst . . .

Möjligen beror en del av bitterheten på att ängsklockan, som vi här valt som landskapets representant, är en av de många sentida invandrarna i vår flora. På Linnés tid var den inte känd i Sverige – men väl i Finland, där den tycks ha förekommit allmänt. Till råga på allt räknas den som ett ogräs, om än ett både vackert och harmlöst sådant.

Överhuvudtaget är blåklockorna mångsidigare växter än vi vanligen föreställer oss. Flera arter är framgångsrika och föga nogräknade och visar prov på imponerande överlevnadsegenskaper.

Ängsklockan växer ofta i trädor, på ängar, i vallar och

vägkanter. Kusin knölklocka är ett välkänt bekymmer för många trädgårdsägare. Den sprider sig med rotknölar, vilka vi lär ha ätit innan potatisen anlände till Sverige. Den vanliga lilla blåklockan håller tillgodo med de eländigaste torrjordar som tänkas kan. Ännu i september/oktober lyser dess svaga blå sken i dammet utmed E4 genom hela landet. Den är därmed en av sommarens allra sista blommor.

Men mest är väl blåklockan ändå sommarblomman framför andra, den som ringer i minnets sommarlov. Blunda och tänk på en björkhage: på daggkåpa, gulmåra, natt och dag, prästkragar och gökrop. Känn gräset mellan tårna, njut av doften av smultron, enbär och barndom. Där blommar de stora blåklockorna, älvornas kjolar.

Blåklockor besöks av bin och humlor, som är de blå blommornas insekter. Blått är en av de två färger som framträder tydligast för dessa insekter. Den andra är gult, fosterländskt nog.

Ofta pollineras blåklockor av ett mycket litet bi som övernattar inne i dem. Det heter blomsovarbi och befruktar blommorna i sömnen. Det låter som en saga, som så mycket i naturen.

Fruktstadie av ängsklocka

I blåklockstider
kan man se
den blyge och svartklädde Ringaren
en liten skalbagge av trettiosjunde familjen, vivel-ätten.
Han ses ofta sitta på det glatta ringarrepet
där detta leder ner i klockans stängel.

Någon säger att om det stora
börjar redan i det lilla
skall han ringa till världsdöd
på en förgiftad äng.

HARRY MARTINSON, Ringaren, ur *Nomad*, 1931

Ängsklockan växer på ängar, vallar, i vägslänter och liknande platser. 30–60 cm hög. Blommar juni–augusti. Skiljer sig från en del andra klockor i släktet dels genom att den är tvåårig, dels genom att blommorna faktiskt *inte* är blå utan violetta.

Ursprung: sentida invandrare; ett "ogräs" som följde med importen av vallfrö under 1800-talet.

Engelska: spreading-bellflower, franska: campanule étalée, tyska: Wiesen-Glockenblume.

Förr kallades blåklockor för kattklockor och fingerhattar. Den stora blåklockan fick ibland heta björnbjällra. Ängsklockan har bl a kallats öppen klocka, vidklocka, salomosliljor, fältblåklocka, liljeklocka, violett klocka, nordlig blåklocka samt – sist och skönast – slåtterpiga.

Blåklockssläktet rymmer totalt ca 300 arter och tillhör familjen klockväxter, *Campanulaceae*. Latinets *Campanula* betyder liten klocka. *Patula* betyder vidöppen och syftar på de ovanligt öppna blommorna.

Liljekonvalj

Convallaria majalis

ÄR KONVALJENS doft fortfarande gångbar som parfym?

Nej, så tycks det inte vara. Liljekonvaljen har, tillsammans med en annan av femtiotalets succéer, violen, gått ur tiden. De doftar för mycket, helt enkelt. I konvaljens fall till och med så mycket att den orsakar problem för allergiker.

Och nuförtiden, upplyser mig labbchefen vid en välrenommerad parfymfabrik, är det ett oavvisligt krav att dofterna är ”otydliga”, dvs svåra att identifiera.

Det är inte liljekonvaljens.

Inom doftindustrin räknas den dock alltjämt som en trotjänare, en doft med ”massor av kropp”. Den är visserligen degraderad till basingrediens och ingår – utan att dominera – i vissa parfymer men än mera i diskmedel och sköljmedel och en hel del andra så kallade tekniska produkter.

Och den rena parfymen, i den mån den nu används, är nog först som sist en ungdomsdoft, en som passar i de tidiga tonåren, i livets knoppningstid, på samma sätt som de rena vita blommorna slår ut under den skiraste tiden i naturen: försommaren.

Doften väcker ljuva eller bitterljuva minnen: det doftar högtid och fest. Vi minns examensdagar i blomstersmyckade skolsalar, bleka brudpar inför altaret, skoldanser med de på en gång så lockande och skrämmande konvaljin-

dränkta flickorna.

Liljekonvaljen har, naturligtvis, utnämnts till ”Sveriges vackraste landskapsblomma”. Men känns det inte som om det blivit lite för mycket av det goda, för många adjektiv, för starka superlativer? Är konvaljen, liksom dess doft, måhända på väg ut ur blomstermodet? Ja, det gamla blomsterspråket ger i alla fall prov på både distans och en viss mättnad när det tolkar konvaljens budskap: ”Att älska för mycket förslappar själen!”

De vita blommorna kan dock väcka värre associationer: döden är också klädd i vitt, likblek och sval precis som de små klockorna. Liljekonvaljen hör till de riktigt giftiga växterna och det är just de giftiga ämnena, växtens glykosider, som doftar så starkt.

I litteraturen förekommer hårresande beskrivningar av hur förtäring av bären orsakat dödsfall. Dessbättre förefaller ryktet om giftigheten vara starkt överdrivet. Problemen inskränker sig nästan alltid till kräkningar och några dödsfall är inte kända av Giftinformationscentralen.

En fråga hade jag tänkt söka svaret på: För *vem* doftar egentligen konvaljen? Uppgiften har jag fått av botanisten Anders Nilsson i Uppsala, vår främste expert på blombiologi: liljekonvaljens pollination utförs troligen främst av små sandbin och flugor.

Kung Liljekonvalje av dungen,
kung Liljekonvalje är vit som snö,
nu sörjer unga kungen
prinsessan Liljekonvaljemö.

Kung Liljekonvalje han sänker
sitt sorgsna huvud så tungt och vekt,
och silverhjälmen blänker
i sommarskymningen blekt.

GUSTAF FRÖDING, Strövtåg i hembygden, ur *Stänk och flikar*, 1896

Tidigare räknades liljekonvaljen till samma släkte som ekorrbär, getrams och liknande örter. Numera är den dock ensam representant i liljekonvaljsläktet. Den hör till familjen liljeväxter, *Liliaceae*. *Convallaria* är en sammansättning av ett latinskt och ett grekiskt ord och betyder liljan i dalen. *Majalis* betyder blommar i maj.

Liljekonvalj är vanlig upp till Ångermanland–Jämtland men förekommer också längre norrut. I lövskogar, lundar, skogsbackar, både på mullrik och mager mark. 10–25 cm. Blommar i maj–juni. Flerårig, sprider sig med en krypande jordstam. Giftig.

Ursprung: en inhemsk "välanpassad" växt med en jämn och fin spridning över hela landet. Kulturgynnad.

Engelska: lily of the valley, franska: muguet, tyska: Maiglöckchen.

Linné kallar den båckeblad i sin Örtabok från 1725. Han motiverar namnet med att "båckar och getter gierna äta den". Det namnet levde kvar länge i olika varianter: bockebladslilja, bockbladstuppor, båckebladsblomster, bockbläcker osv. Ett annat vanligt tema är majlilja, majeblomster, majblomma etc. Dessutom har det latinska namnet varierats i det oändliga: lille kovalle, lillekonvalje, lillkunnigvall, convall, kovaljer, kungvall osv.

Bland de friare skapelserna kan nämnas haröron, kikiramsen, hjerstansfröjd, spironblomster, vår frus tårar och blerrk.

VÄRMLAND

Skogsstjärna

Trientalis europaea

INTE MÅNGA blommor har tjusat nordiska poeter och filosofiskt lagda botanister så som skogsstjärnan. En så liten blomma i en stor skog går man inte förbi. Den är klädd i vitt och har oftast sju kronblad. Eftersom sjutalet är heligt räknades skogsstjärnan förr som en helig blomma. Linné, som tillhörde beundrarna, formulerade sig på följande vis: "Jag vet ej vilket blommans behag det är, som med sin tjusningskraft så bländar ögat, att åskådaren vid dess åsyn tyckes nästan bli förhäxad; kanske beror detta på symmetrin, all skönhets moder."

Möjligen bedrar skenet en smula. Skogsstjärnan är inte den näpna och ömtåliga ört man i förstone kan tro. Den är en av naturens överlevare, en riktig tuffing med förmåga att uthärda stora påfrestningar. Få andra skogsblommor kan uppvisa ett så stort spridningsområde och växa i så olika miljöer. I maj blommar den i den planterade tallskogen utanför Veberöd i södra Skåne, i juli slår den ut sina vita solfångare på fjällhedarna vid Norra ishavet.

Den förekommer både i barrskog och lövskog, på hyggen och på stränder. Den sprider sig med en taktik som liknar den som vårens vitsippor tillämpar: den skickar ut utlöpare från vilka en lång rad vita stjärnor växer upp. Blommorna anpassar sig efter omständigheterna. I en risig skog når de ett par decimeters höjd, på en blåsig fjällhed nöjer de sig

med ett par centimeter.

Skogsstjärnan håller till godo med mager, sandig, kalkfattig jord men växer också i humusrikare, fuktigare skogsmarker. Ofta ser man den tillsammans med ekorrbär och pyrolor, som är några andra huvudpersoner i storskogens marknära lilleputtvärld.

En viktig men nästan okänd grupp pollinatörer i den världen är tvåvingarna, det som vi i vardagslag viftar bort som mygg och flugor. Mygghonor sticks som bekant men hanarna lever på vad blommorna bjuder. I skogsstjärnans fall har de säkert ett finger med i spelet men en ännu viktigare roll spelar sannolikt småflugor som pollinerar blommorna när de äter deras pollen.

Efter blomningen sker ett litet under som märkligt nog tycks undgå vår uppmärksamhet. Men konstnären Bo Mossberg, som tillbringat tolv år på knä i naturen för att avbilda samtliga växter i Norden, är smått lyrisk när han berättar om skogsstjärnans frökapslar: "Det är små runda kulor, lysande gråblå i färgen och mönstrade nästan exakt på samma sätt som moderna fotbollar." (De är återgivna på februaribilden i blomsteralmanackan.)

Frågan är om inte skogsstjärnan har naturens vackraste fruktställningar. Ibland sitter de blå bollarna kvar långt in i vintern innan de rullar ner på den gröna mossmattan.

Nog är man böjd att instämma i blomsterspråkets tolkning av skogsstjärnan: "I djupaste skog levde jag gärna med dig."

Skogsstjärnorna frodas aldrig.
De bara reder sig
med karg nätthet i mossan.
De är spensliga,
men veta ingenting om den söta vekhet
du vill tillskylla sommaren.
Det spensligas bestämdhet
är inte mindre än ekens.

HARRY MARTINSON, Duvkulla, ur *Passad*, 1945

Skogsstjärnan förekommer från Skåne till Norrbotten. I skogar men även på hyggen, hedar och liknande ställen. Maj–juli. 5–20 cm hög. Sprider sig bl a med revor som övervintrar.

Ursprung: inhemsk. Har möjligen funnits i landet ända sedan inlandsisen försvann.

Engelska: chickweed wintergreen, franska: trientalis d'Europe, tyska: Europäischer Siebenstern.

På svenska gick den förr ofta under namnet duvkulla eller sjustjärna. Andra gamla namn: stjernblomma, stjernört, stjernros, skogsblomma, morkulla, trefaldighetsblomma, holtahvifva, vifling och vacker gosse.

Skogsstjärnesläktet rymmer bara en svensk art. Det tillhör familjen viveväxter, *Primulaceae*, där bl a gullvivan återfinns. *Trientalis* betyder "en tredjedels fot" och syftar på blommans höjd. *Europaea* betyder europeisk.

Skogstordyvel

UPPLAND

Kungsängslilja

Fritillaria meleagris

KUNGSÄNGSLILJAN ÄR en främmande skönhet i vår flora. Det syns, ty det riktigt lyser om den, så som det inte sällan gör om en färgstark främling i "fel" omgivning: bland svenska smörbollar och blygsamma humleblomster.

Dess ursprung anges ofta till Mellaneuropa där den bland annat växer vid flodstränder. Den kom till Sverige som prydnadsväxt under 1600-talet och odlades i parker vid gods och herresäten. Olof Rudbeck den äldre ska ha tagit med växten hem från en resa i Holland 1654 och planterat den i Botaniska trädgården i Uppsala. Det är därifrån den ska ha spritt sig, möjligen med ett lass jord, till den mest bekanta växtplatsen, Kungsängen utanför staden.

Första gången den observerades som vildväxande i vårt land var 1742, just på nämnda äng. Detta bokfördes av Linné: "Växer i våra dagar utomordentligt ymnigt på Kungsängen vid Uppsala, där den blommar frodigt och förökar sig, så att den numera med all rätt kan anses som vildväxande."

På den platsen finns den kvar alltjämt, 250 år senare, även om man 1951 fick tillgripa fridlysning av de känsligaste partierna av ängarna, för att städsla allmänhetens förtjusning en smula. Plockning lär tidvis ha utgjort ett hot mot det rika beståndet av "kungsängstulpaner".

Annars får man kanske konstatera att det är en smula

förvånande att en så ”lättspridd” växt ännu i slutet av det tjugonde århundradet har så få växtplatser i vårt land. Kungsängsliljorna håller sig, precis som vinbergssnäckorna, i närheten av de gods där de en gång odlades. Möjligen hänger detta samman med det faktum att vissa växter tycks behöva en ”tillvänjningstid” när de hamnar i en ny miljö. De kan stå och stampa på samma ställe i åratal, ja i århundraden, för att sedan plötsligt börja sprida sig. Antingen beroende på att de till slut anpassat sig eller på att en miljöförändring gör att betingelserna stämmer bättre. I liljornas fall är nog bristen på våta ängar ett stort bekymmer.

De blodröda blommorna och de sällsynta vita har setts som symboler för krig och fred, för vän och fiende. De har använts såväl om 1500-talets Frankrike, där religionskrig mellan protestanter och katoliker skördade hundratusentals människoliv, som om vår egen stundtals bloddrypande historia. Hos oss ska de röda blommorna ha symboliserat dödade danskar och de – fåtaliga – vita dödade svenskar. Kungsängen vid Uppsala har ju, liksom många andra svenska ängar med liknande namn, ett förflutet som slagfält.

Numera finns lökar av den sköna liljan att inhandla i välsorterade plantskolor och fröbutiker. ”Det går nio röda på en vit” om man får tro framlidne trädgårdsexperten Sven Green, och det gör jag gärna.

Förhoppningsvis kan det nyväckta intresset för att anlägga ”vildängar” i trädgårdarna bidra till att det blir lite bättre fart på spridandet ut till naturen – så som tydligen skedde på Linnés tid.

Till de obligatoriska vårmålen hörde förstås den majgula Kungsängen längs med Fyris videsnårkantade, brungröna fåra, där kanotister redan paddlade och ångbåtstrafiken haft premiär – Kungsängen med sin vidsträckta synrand, sitt beckasinspel i solblå rymd, sitt svall av röda och vita liljor i tuvmarken och svämvattenblänket vid Sävjaåns stängselspärrade mynning.

Einar Malm, I Uppsalamarkerna på tjugotalet, ur *Mitt Uppsala*, 1965

Kungsängsliljan är sällsynt och finns på enstaka fuktängar, främst i östra Mellansverige. Kan bli ca 30 cm hög och förekommer i en rustik rödrutig form samt, sällan, i en helvit varietet. Blommar i maj–juni. Fröna sprids med vinden. Växtsaften kan vara irriterande för känsliga personer.

Ursprung: införd som trädgårdsväxt, förvildad.

Engelska: fritillary, snake's head, franska: fritillaire, tyska: Schachblume.

Hos oss hette den förr damspelskrona, brädspelsblomma, brädspelslilja, schackblomma, kronlilja, kungslilja, kungskrona, gyllenägg, vipägg och ormskalle.

Kungsängsliljan ingår i kejsarkronesläktet som hör till liljefamiljen, *Liliaceae*. Latinets *Fritillaria* betyder tärningsbägare och syftar på blomkronornas form, kanske även på deras färg. Artnamnet *meleagris* betyder pärlhöna och syftar likaledes på de fläckiga blommorna.

Mistel

Viscum album

MEST MÄRKER man misteln mot vintern när lövträden står kala, då blir denna städsegröna halvparasit tagen på bar gärning.

Det är en märkvärdig växt, som verkligen lever upp till blomsterspråkets ord: ”Jag övervinner alla hinder!” Den planteras högt uppe i trädkronorna av trastar och sidensvansar som äter de vinbärsstora mistelbären. Dessa mognar vid jultid. Varje bär innehåller ett frö som hamnar i trädet, antingen när fågeln torkar av näbben mot en gren eller via spillningen.

Fröet gror i trädet och skickar in ett slags sugrötter mellan barken och veden. Därinne tullar rötterna på kärlsträngarna, de ”rör” som transporterar upp vatten och mineralämnen till trädet. Eftersom misteln har gröna blad kan den dessutom själv omvandla solenergin till näring. Den torde leva ett gott liv i trädens kronor.

Hos oss är den numera sällsynt, vilket nog mest beror på att den har svårt med klimatet. På 1960-talet beräknades beståndet omfatta drygt 20 000 exemplar, av vilka de allra flesta växte i lindar.

Riktigt vanlig är Västmanlands blomma först ett stycke ner i Europa. Den som åker bil genom Frankrike ser traktvis så gott om mistel att man faktiskt börjar undra om allt står rätt till. I snart sagt vartenda träd hänger stora, nästan

klotrunda ”skatbon”. Inte ett, utan tiotals i varje träd. I Frankrike betraktas misteln som ett ”ogräs” i fruktodlingarna eftersom den stortrivs i päron- och äppelträd. Den är också mycket vanlig i poppelalléer. De mistlar som säljs i vårt land vid jultiden – att kyssas under – är i regel importerade från det mistelrika Frankrike.

Misteln uppfattades förr som en magisk växt med ett brett register. Den ansågs bringa lycka och fruktsamhet. Allra verksammast var de som växte i ekar.

Länge levde på landsbygden uppfattningen att man av mistel kunde göra en speciell slagruta, inte för att finna något så vardagligt som vanligt vatten, utan nedgrävda skatter! Bland allmogen beklagades livligt att de rätta handgreppen fallit i glömska, varför slagrutan inte längre fungerade.

Balder, solens och fridens gud i vår nordiska mytologi, dödades av en pil tillverkad av en mistelkvist. Det var det enda ”trädslag” som kunde rå på Balder, sedan alla träd på jorden avkrävts en trohetsed mot honom. Men den udda och undangömda misteln hade man förbisett.

Som medicinalväxt har den – med växlande framgång – prövats mot bl a ischias, epilepsi och högt blodtryck. I våra dagar har den åter kommit i ropet, nu lanserad som ett naturmedel mot cancer.

Som en ödets ironi får man väl se det faktum att människan av de sega mistelbären gör ett effektivt ”fågellim”, som i Sydeuropa används vid fågelfångst. Det drabbar särskilt trastar, som själva sår mistelfrön i trädkronorna.

Vi svärmade ut i ett skrikande vimmel
på fjärdarnas blanka och dånande is
och strävade hem under flammande himmel
med mistlar, som hämtats i ekarnas ris.

GUNNAR MASCOLL SILFVERSTOLPE, Djäknestad, ur *Samlade dikter*, 1942

Misteln är en halvparasit och finns i Mälardalen (bl a kring Västerås) samt några få andra platser. Vanligast i lindar men även på lönn, rönn, hagtorn, äppelträd m fl. Oansenliga blommor i april/maj. Oklara, glasartade bär som mognar under vintern. Vintergrön. Fridlyst.

Ursprung: enligt en teori består dagens begränsade bestånd av rymlingar från Mälartraktens adelsgods, till vilka den under 1700-talet ska ha kommit med "mistelinfekterade" fruktträd från Europa. För 8 000 år sedan, när klimatet var gynnsammare och en väldig "lövskogsdjungel" dominerade delar av södra Sverige, var dock misteln, liksom linden, mycket allmän. Djurlivet på den tiden bestod av t ex kronhjort, rådjur, vildsvin, kärrsköldpadda och vildkatt.

Engelska: mistletoe, franska: gui, tyska: Mistel.

Bland de gamla svenska namnen finns ekmispel, lindträsmispel, vispell, mistel-tenn, fågellim, ekkåda, ballerdö, lindkrona, flygrönn m fl.

Mistelsläktet har hos oss bara denna enda representant. Släktet hör till familjen mistelväxter, *Loranthaceae*, som totalt omfattar ca 25 släkten med många hundra arter, de flesta i tropikerna. *Viscum* var det romerska namnet på misteln, liksom på det sega fågellim som görs av bären. (Från samma ordstam kommer ett ord vi ofta använder om vätskor, t ex trögflytande oljor, viskositet.) *Album* betyder vit.

SÖDERMANLAND

Vit näckros

Nymphaea alba (N. candida)

NÄCKENS VITA ROS är Nordens största vilda blomma. Den kan bli ett par decimeter i diameter och rymma ett 25-tal kronblad. Den är, tvärt emot vad vi kanske tänker oss, en av naturens primitivaste blommor. De stiliga vita kronbladen är i själva verket ombildade ståndare. Ju närmare blommans mitt de sitter, ju mindre är de. Slutligen lämnar de plats för ett hundratal riktiga ståndare.

De dekorativa breda flytbladen svarar för lufttillförseln till rotsystemet som är förankrat i syrefattig bottenmiljö. Luften från bladen transporteras i 3–5 meter långa, ihåliga och sega stjälkar. Välbekanta ting för landets två miljoner sportfiskare.

Rötterna på botten kan bli armtjocka och innehåller kolhydratrik stärkelse. Förr användes de som nödföda. Man malde dem till ett mjöl som, utblandat med vanligt mjöl, användes bland annat till tunnbröd.

Som medicinalväxt hade näckrosen förr rykte om sig att kunna dämpa könsdrift och kärlekshunger. Av det skälet ska den ha använts i matlagningen vid munk- och nunneklostren. Det finns åtskilliga växter i naturen som påstås klara av motsatsen, att stimulera kärlekslivet, men näckrosen är en av få som blivit kända för att kunna lugna känslorna. Den är följdriktigt kyskhetens symbol.

Verkliga storkonsumenter är skogens älgar, som tycks

ranka näckrosens rötter högt. Ibland kan man få se en älg som står i kanten av en tjärn och hivar upp rot efter rot och tuggar i sig dem med det klara sjövattnet skvättande ur mungiporna. Om detta har någon effekt på deras lustar är obekant.

Blommorna är utslagna mellan klockan sju på morgonen och fyra på eftermiddagen. Därefter sluter de sig och sänker sig ned under vattenytan, där de tillbringar natten. Detta har säkert stimulerat den rika folktron kring växten och inspirerat den diktande Strindberg i Trefaldighetsnatten:

Näckrosor, vita som vadd resa ur dyiga vattnet;
bröllopet hålla de här i ljuset, i solen, i luften,
sedan de dyka ner, för att gömma sin smärta i ävjan.
Kort som en fröjd är ju älskogens tid uti hela naturen,
börjar i himmelens sky och slutar på botten av sumpen.

Förr menade man att näckrosen var en farlig blomma. I Småland ansågs det riskabelt att bada när den blommade. Man varnade barnen för att plocka den, eftersom man befarade att de kunde dras ned i vattnet.

En vanlig uppfattning var att näcken bodde bland blommorna. Han höll sig oftast dold under bladen men vissa månljusa nätter dök han upp bland sina rosor, i skepnad av en skön ljuslockig yngling som kunde trollbinda både folk och fä med sitt strängaspel.

Vill en näckros man söka fånga
märkes nog hur den tillbaka dras
liksom snålt, av starka händer många
dolda under vattnets spegelglas
Sorlar ej var våg, ur slummern väckt:
Ryck ej blomman från min blåa dräkt . . .

Birger Sjöberg, *Fridas bok*, 1922

Vit näckros växer i sjöar, dammar och lugna vattendrag. Blommar i juni–aug. Frukterna liknar små "apelsinbåtar", lastade med frön. Båtarna förliser efter en tid och fröna sjunker till botten. Flerårig.

Ursprung: en inhemsk växt.

Engelska: white water lily, franska: nymphée, tyska: Weisse Seerose.

I vårt land har den haft åtskilliga namn: sjöblad, sjöblomma, vit sjöblomster, sjölilja, vattenlilja, vattentulpan, kärnrosor, kannoblad, åkanna, åblad, bäckaros, ådocka, sjöollon, näckblomma, hästskoblad, abborrgräs, läblad, vämblad, sköllblad m fl.

Familjen näckrosväxter, *Nymphaeaceae*, rymmer 8–9 släkten med sammanlagt ca 90 arter. Den vita näckrosen tillhör släktet *Nymphaea* medan den gula räknas till släktet *Nuphar*. I Sydamerika finns jättelika näckrosor vars blad mäter 2 meter i diameter och kan bära ett barn. *Nymphaea* betyder nymf och syftar på växtplatsen. *Alba* betyder vit.

Röd näckros är ingen egen art utan en sällsynt färgvarietet (form) av den vita. Den upptäcktes i Fagertärn i Närke och har spritts till många trädgårdar. Den är fridlyst.

NÄRKE

Gullviva

Primula veris

EN GRÅ VÅRVINTERDAG tog jag bilen till Medelhavet. Det var i mars och tussilagon stod i blom i norra Tyskland. I närheten av Heidelberg tog vitsipporna över och när jag svängde ut på autoroute du soleil, solens motorväg, norr om Lyon i Frankrike, mötte jag gullvivorna. Det var tiotusentals. De följde mig ända till de rosablommande persikoodlingarna i Rhônedalen.

Mötet med de vilda, "svenska" blommorna förvånade mig. Mest för att gullvivor här blommade i kanten av en av världens mest trafikerade motorvägar. Men det är en illustration av situationen just nu: vägslänterna är snart de enda "ängar" som återstår för vilda växter.

Som så många av kulturlandskapets blommor har gullvivan ett inbyggt försvar, skarpt smakande saponiner, som brukar skydda den mot kossor och hästar men som inte förmår mycket mot den landskapsomvandling som vi människor iscensatt.

En positiv reflektion kostade jag också på mig. Om gullvivor blommar i den otroligt avgasmättade luften längs vägen mellan Paris och Provence, då tål nog naturen en del, trots allt.

I Frankrike kallas gullvivan ofta "coucou" vilket också är gökens namn. Även i vårt land finns den kopplingen i det gamla gullvivsnamn som är min personliga favorit: gök-

byxor. Jag kan se den lurige göken framför mig, i putande blomsterbyxor!

Hos oss blommar den ”från svalans ankomst till granens blomning”, enligt Linnés noteringar. Det täcker väl tiden från slutet av april till junis början.

Men gullvivor finns i naturen året om, de har så kallade vinterståndare. Trots att blomningen är tidigt överstökad mognar fröna först en bra bit in i högsommaren. Och de sprids i regel inte förrän mot vintern, då de stela stänglarna står kvar i snön och låter vinden skaka ut fröna. Den sena frömognaden är en sällan uppmärksammad men mycket viktig detalj för gullvivans fortbestånd.

Och visst finns det fortfarande naturliga miljöer där gullvivor frodas. En vår tog jag tåget norrut genom Sverige. Det var i maj. I Norrköping steg en dam på. Hon bar en magnifik gullvivsbukett, så där slösande stor som man hoppas att folk bara plockar där det finns riktigt gott om blommor. När hon sökte efter en plats på det välbesatta tåget spred hon gullvivsdoften från vagn till vagn. Trötta resenärer piggnade till, vi började prata med varandra. Det var som om hon svingat ett trollspö på tåget!

Gullvivan användes förr för att ge färg och smak åt brännvin, man gjorde också ett gullvivevin av blommorna och bladen har ätits som sallat. Plockades blomman innan daggen torkat var den användbar som skönhetsmedel. Den har ordinerats mot t ex hosta, sömnbesvär, värk och som svettdrivande medel.

På 1100-talet rekommenderades den dock i delvis andra sammanhang: mot melankoli och svårmod! Jag undrar om inte gullvivor är som allra verksammast just i sådana situationer.

De gyllne små nycklar till sommarens sal
mig himlens drottning har räckt:
Kom, tag dem! Lås upp den,
där står till ditt val
otaliga skönheters släkt . . .

PER DANIEL AMADEUS ATTERBOM, 1811

Gullvivan växer på ängar, betesmarker, i gräsmattor och ljusa skogar. Främst i södra och mellersta Sverige. Blommar i maj. 10–30 cm. Pollineras av bl a citronfjärilar och humlor. Flerårig. Fridlyst på många håll.

Ursprung: sannolikt inhemsk. Har från början troligen vuxit i glesa skogar med varm jord och sedan anpassats till betesmarkerna. Kulturgynnad men ogillar konstgödning.

Engelska: cowslip, franska: primevère, tyska: Frühlingsschlüsselblume.

Gullviva betyder ”med gyllene huva”. Många namn utgår ifrån blomställningens likhet med en nyckelknippa. Enligt legenden är gullvivan nyckeln till himmelsporten som Sankte Per en gång råkade tappa: Sankte Pers nycklar, himmelsnycklar, nyckelblomster, majnycklar, Jungfru Marie nycklar. Andra namn är t ex oxlägg, kattstövlar, hargök, sempertupp, gunnil, käringtand, käringslända och gökbyxor.

Gullvivesläktet har sju arter hos oss, de flesta mindre vanliga. Släktet tillhör familjen viveväxter, *Primulaceae*. Gullvivans namn *Primula veris* brukar översättas ”vårens förstling”, av latinska primus, först, och ver, vår.

DALSLAND

Äkta förgätmigej

Myosotis scorpioides

HUR HAR en blomma fått ett namn som förgätmigej?

I de flesta språk förekommer samma benämning, ordagrant! På danska blir det forglemmigej, på norska forglemmiei, i Tyskland heter den Vergissmeinnicht, i Frankrike säger man ne-m'oubliez-pas. Och på engelska förstås: forgetmenot.

Det kan låta en smula egendomligt, särskilt när man kommer in på artnamn som woodforgetmenot, skogsförgätmigej. Det svenska namnet anses vara en ren översättning från tyskan, hos oss hette den från början "öga".

Förgätmigej, eller förgät-mig-icke som den hette i det äldre, lite mer högtravande språket, är symbolen för trofasthet och vänskap. Det är den som är poesins blå blomma och som ibland får representera såväl stolt kärlek till fosterlandet som mer romantiska förbindelser med det andra könet.

I 1800-talets Paris var den en vanlig vängåva. Den är en av de mest avbildade växterna överhuvudtaget, men möjligen inföll dess verkliga storhetstid just under 1800-talets svärmiska naturromantik, den tid då det ansågs höra till allmänbildningen att behärska blomsterspråket och kunna uttrycka sig med blommor. Kanske har den timida blå blomman svårare att hävda sig mot de häftigare blomstervarianter som nutidens växtförvandlare tillhandahåller?

Det finns många legender kring blomman. En berättar om riddaren som skulle plocka en ovanligt vacker blå blomma som hans käresta fått syn på. Blomman växte emellertid svårtillgängligt, högt över floden Donau. Riddaren klättrade efter den, fick tag i den men slant i samma ögonblick. Han räckte den kvickt till sin flicka med orden förgät mig ej och föll sedan ner i floden och drunknade.

En annan talar om en ängel som förvisades ur paradiset sedan han förälskat sig i en jordisk flicka. Som straff måste ängeln så förgätmigejer över hela jorden. En tredje berättar om en herde som måste fara till staden, med allt vad det innebar av frestelser. Han fick en blå blomma av sina unga hustru för att han skulle komma ihåg hennes blå ögon.

Det vanligaste gamla namnet på förgätmigej var just olika varianter på ögontemat. Arterna hette skogsöga, ängsöga, backöga och så vidare. Den äkta förgätmigejen, som växer i fuktiga marker, hette kärröga.

Det är svårt att skilja våra elva arter åt, botanisterna studerar främst blomfodrets form och hårighet.

Lite överraskande är det väl att konstatera att namnet förgätmigej ursprungligen gavs åt en helt annan växt, nämligen den lilla te-veronican, som numera ofta går under det visserligen väna men jämförelsevis oromantiska namnet ”mormors glasögon”.

Mindre förvånande är det väl att just Dalsland, ett av Sveriges ljuvaste – och blygaste – landskap, förärats poesins blå blomma.

Förgätmigej det är en blomma
böj dig ner och plocka den.
Ty onda tider kunna komma,
då är det bra att ha en vän.

Vers i minnesbok

Äkta förgätmigej är vanligast i Götaland och Svealand – men är mindre allmän i Dalsland. Blommar med himmelsblå blommor i juni–augusti. 15–40 (i vissa fall upp till 100) centimeter. Den finns på våta ängar, sjöstränder, längs diken etc. Sprider sig bl a med krypande jordstam. Flerårig.

Ursprung: inhemsk i fuktiga miljöer. Kulturgynnad.

Engelska: forgetmenot, franska: ne m'oubliez pas (samt: les yeux de l'enfant Jésus – Jesusbarnets ögon), tyska: Vergissmeinnicht.

Några fler gamla svenska namn: älskling, skönälskling, älsklingsblomma, öga, blåöga, fansöga, Jungfru Marie ögon, förgät mig bums (!) m fl.

Förgätmigejsläktet omfattar totalt ett 40-tal arter på jorden och hör till familjen strävbladiga växter, *Boraginaceae*. Latinets *myosotis* betyder musöron och syftar på växtens håriga blad. *Scorpioides* betyder skorpionliknande och syftar på den böjda blomställningen. Tidigare gällde artnamnet *palustris* = växande i kärr.

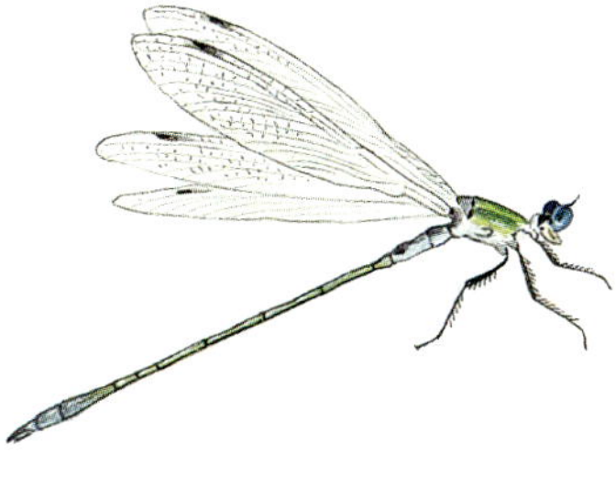

Blå flickslända

Ljung

Calluna vulgaris

För att förstå hur Västergötland fått sin ljung måste man gå tillbaka i tiden.

För några hundra år sedan var stora delar av södra och sydvästra Sverige en vidöppen, rödglödgad ljunghed.

Från medeltiden och ända fram till det senaste sekelskiftet var ljungheden en av de mest karakteristiska landskapstyperna i de här delarna av landet. Enbart i Halland omfattade hedarna 15 kvadratmil, i Småland ungefär lika mycket. Ljungen gav bete åt fåren och riset var viktigt som bränsle. Det användes också till taktäckning och som strö i ladugården. Hedarna brändes vart nionde år för att hindra igenväxning och askan beredde väg för gräs och späda ljungplantor.

Under förra århundradet började man dock skogsplantera hedarna, och de öppna markerna med de eldröda blommorna krympte och försvann slutligen nästan helt. Numera finns det bara några få kvar som ett slags kulturminnen. Till mångas besvikelse, tycks det.

Vad man inte alltid tänker på är att de kulturskapade ljunghedarna var resultatet av en omfattande skogsskövling. Människorna på den alltmer överbefolkade sydsvenska landsbygden gick för hårt åt skogen. De behövde bränsle, virke till hus, stängsel, sillatunnor och mycket annat. Skogarna överbetades av tamboskap och svedjebrändes för

att odlas. I den magra jorden kunde till slut bara ljung, kråkris och enstaka enbuskar överleva.

Situationen i delar av Afrika, som oroar så många av oss, med överbetning och ökenspridning, är i princip ett resultat av samma utveckling som en gång skapade våra svenska ljunghedar. På 1700-talet befann sig delar av Sverige på randen till en naturkatastrof. Bara ljungen återstod för människor och djur att leva av. Rykande sandstormar var ett faktum. Vi hade hamnat i en ekologisk återvändsgränd.

Men vårt minne är som bekant kort. Vi vänjer oss, lär oss älska det som fanns omkring oss som barn. Det blir ett slags rättesnöre, ett idealtillstånd. Vem skulle idag drömma om att avvara Västkustens underbara men ack så trädlösa öar? Formgivningen är visserligen inlandsisens verk men resten är resultatet av människans framfart: "För tvåhundra år sen var dom här skären och kobbarna lika lurviga som Stockholms skärgård", för att tala med Ulf Lundell i romanen En varg söker sin flock. Skövling, där också. De grekiska öarna, Provence, hela den lovprisade Medelhavsnaturen med sin lågvuxna macchia, är i stora stycken degenererad natur. Samma överexploatering, om än för flera tusen år sedan.

Själv sägs ljungen utarma jorden ytterligare genom att efterlämna sura nedbrytningsrester. Det kan vara värt att notera att en del av de områden i Sverige som idag har störst problem med försurningsskador på skogen är just de f d ljunghedarna.

Det är kanske inte utan anledning som den kallas "jordens gråa hår".

Ljung du fagra
på hedar magra
min bästa blomma i barndomsår!
Än får jag bida
i drömmar frida
hos dig en soldag då sunnan går.

Erik Axel Karlfeldt, Ljung, ur *Vildmarks- och kärleksvisor*, 1895

Ljung växer på torr, solöppen och mager mark samt på myrar och i glesa hällmarksskogar. 15–75 cm. Blommar i juli–september, sällsynt med vita blommor. En buske med vedartad stam. Samexistens under markytan med skålsvampar. Kan bli ca 20 år.

Ursprung: inhemsk, kulturgynnad. De första hedarna uppstod sannolikt i vissa kusttrakter redan på stenåldern. Vilda, i meningen naturligt ursprungliga ljunghedar, anses främst finnas i fjälltrakterna.

Engelska: heather (ling), franska: bruyère (callune), tyska: Heidekraut.

De gamla svenska namnen är mest en uppvisning i den högre stavningskonsten: liong, liongh, liwngh, liungh, lywng, lyng, ling, löng, lyngie! Den har även kallats moris, rastbärsris, raspgräs, gråne och graune. I blomsterspråket försvarar sig ljungen med orden: ”Ni är otacksam!”

Ensam i sitt släkte men ingår tillsammans med närbesläktade arter som klockljung och mossljung i familjen ljungväxter, *Ericaceae*. Det vetenskapliga namnet *Calluna* sägs komma ur grekiskans kallynein som betyder feja, städa. Det ska syfta på risets forna användning till kvastar. *Vulgaris* betyder vanlig.

Vildkaprifol

Lonicera periclymenum

VILDKAPRIFOLEN ÄR en omsvärmad växt.

Den hör till naturens skymningsblommor och först mot kvällen börjar den utsöndra sin bedövande väldoft. Det är en signal till nattaktiva insekter, främst stora nattfjärilar som har tillräckligt långa sugrör för att nå nektarn på botten av de mycket djupa blomtrattarna. Kring vildkaprifolen kan man få se ligustersvärmare, snabelsvärmare och skymningssvärmare, som i stillastående svävflykt tankar nektar ur blommorna.

I likhet med andra nattöppna växter har kaprifolen ljusa blommor. Det är naturligt nog doften och inte färgen, som är huvudsaken för blommor som blommar i mörker. Och nästan lika naturligt känns det att växten i blomsterspråket fått stå för följande klokskap: ”Sörj ej den gryende dagen.”

Vildkaprifolen är en av två äkta lianer i den svenska naturen (den andra är Gotlands murgröna). Den slingrar sig medsols, i så kallat ”högervarv”, uppför skogens träd och buskar. Precis som regnskogslianer blommar kaprifolen först när den når upp i solljuset.

Den kan bli tio meter hög och stjälken är först förföriskt mjuk och örtaktig men förvedas och hårdnar under sommarens lopp. I takt med att även ”stödträdet” växer till på bredden, spänns kaprifolens arm till ett riktigt struptag om stammen. Vissa träd antar med åren en korkskruvsliknan-

de form. Andra, särskilt unga rönnar och hasselbuskar, förtvinar och dör.

Om lämpligt stöd saknas breder vildkaprifolen ut sig på marken eller i björnbärssnår och sly. Den trivs i solvarma lägen och kan bli mer eller mindre marktäckande. I Bohuslän klänger den ofta uppför branta bergväggar.

Den har en imponerande växtkraft och finner sig till rätta på enkla jordar. Den påminner i det avseendet en smula om humlen, en annan av rekordklättrarna i vår flora. Den som har mager jord och snabbt behöver något grönt som skydd eller prydnad kan förenkla trädgårdsarbetet avsevärt genom att välja någon av dessa båda.

Linné såg i vildkaprifolen den perfekta prydnadsväxten, ”ty ingen kan vara angenämare och tjänligare till små lusthus, vilka den täcker vackert och fyller dem på aftonen med sina blommors vällukt”.

Den hade förr rykte om sig att tillhöra de magiska trolldomsörterna. Det var den starka, sega barken som väckte intresse, och i forntidens Egypten och Grekland användes den som helande och allmänt välgörande. I Bohuslän ansågs växten kunna stimulera aptiten.

Vildkaprifolen är släkt med den äkta kaprifolen. Bägge arterna brukar förekomma som trädgårdsväxter och båda finns numera vildväxande i naturen.

Grå blommor, grå sommar –
det mörka regnet susar
i skogens öde kväll,
där grå och förblommad
den våta kaprifol,

den ruskiga, snuskiga
genomblötta kaprifolen
i stormförvridna ekar hänger.

Grå blommor, av VILHELM EKELUND (som inte var särskilt förtjust i kaprifol)

Engelska: honeysuckle, franska: chèvre-feuille des bois, tyska: Wald-Geissblatt.

Bland de gamla svenska namnen finns getablad, skogsliljor, bockblad, matledsträd, vild struss, vrivångeliträd, virembom, nattfiol m fl.

Vildkaprifol förekommer utmed kusten samt här och var i skogar och skogsbryn, främst från Blekinge till Bohuslän. Föredrar kalkfattig mark, ofta vid klippor och bergsstup. Blommar under högsommaren. De röda bären är svagt giftiga. Kan bli 50 år.

Ursprung: naturlig längs kusterna.

Den närmaste släkten är skogsväxande buskar som skogstry och blåtry. Till familjen kaprifolväxter, *Caprifoliaceae*, hör bl a även linnea, olvon, snöbär och fläder. Växten har fått sitt vetenskapliga namn *Lonicera* efter den tyske 1500-talsbotanisten och läkaren Adam Lonitzer. *Periclymenum* kommer av grekiskans ord för slingerväxt.

Ligustersvärmare

ÖSTERGÖTLAND

Blåklint

Centaurea cyanus

Blåklinten uppfyller alla krav man kan ställa på ett ogräs. Den växer enbart i åkrar och i jord som bearbetats. Utan "omrörning" i marken förmår inte dess frön gro och få det försprång de behöver. Därför har blomman aldrig kunnat ta klivet ut i en svensk sommaräng, trots att den haft tusentals år på sig.

Blåklintens historia öppnar svindlande perspektiv. Den är en Medelhavsblomma och man har länge ansett att den kom till vårt land i samband med import av utsäde. Den blommade möjligen redan i yngre stenålderns små åkerlyckor och var säkert vanlig i medeltidens säd.

Men pollenfynd antyder att blåklinten fanns redan i den första flora som fick fäste i landet när inlandsisen smälte. I den senglaciala tiden, dvs perioden omedelbart efter det att isen smält och innan skogen vandrade in, när landskapet var öppet och jorden bitvis kal, då blommade blåklinten! När skogen sedan kom med björk, tall och viden i spetsen, konkurrerades den ut och var försvunnen innan den dök upp som ett åkerogräs, flera tusen år senare. Nog är väl det ett litet under.

Hur kan ett jordbrukslandskap välja ett ogräs?

Först nu inser jag det motsägelsefulla, det nästan omöjliga.

Blåklinten anses vara en utomordentligt populär symbol

i Östergötland men när jag växte upp i detta blonda landskap fick jag springa långa sträckor i kanten av Vadstenaslättens veteåkrar för att få ihop en ynka bukett. Varje enskild blomstjälk fick bitas av, urseg och spottbesk. Jag tvivlar på att mina idoga, jordbrukande släktingar kring Kasta kulle gillade den, jag tror att en viss kluvenhet är en riktigare beskrivning. Dugliga bönder ville givetvis inte ha ogräs i sina åkrar, i alla fall inte på 50- och 60-talen. Då stod blåklinten – återigen – på utrotningens gräns.

Förr trodde man att den blå blomman var bra för synen och den användes vid hornhinneinflammationer. På franska har den smeknamnet casse-lunettes, glasögonkrossaren. Någon verksam medicinalväxt är den knappast, snarare en blomma för själen, för poeter som Nils Ferlin:

Kärlekens ögon de blåklintblå
dem mötte aldrig jag.
Men jag kommer ihåg ett par trötta grå
ögon som brast en dag.

Den har använts i blomsterspråket i många länder, om än med lite skiftande innebörd. I Tyskland betyder den trofasthet, i England celibat, i Frankrike symboliserar den blyghet. I de svenska versionerna stod den ibland för vankelmod men också för den tänkvärda sentensen: ”Det vackra är inte alltid det nyttiga.”

Nu på nittiotalet lyser plötsligt åkrarna blå igen, det finns mer blåklint än på mången god dag. Bönderna har blivit miljömedvetna och bekämpningsmedlen svindyra. En lyckosam kombination för Sveriges vackraste ogräs.

Vi lever inte av bröd allena.

Det känns som ett tecken i tiden när min grannes åker med höstkorn strax efter midsommar slår ut i en svindlande blånad. Plötsligt har våra svalor fått en skärva av havet att stryka sina vingar mot. Kanske är det Medelhavets aning, där blåklinten har sin vilda hemvist. Kanske är det bara den urgamla bekräftelsen på landskapets omedelbarhet. Hit bär det alltså, tänker jag, när mina bin i den sneda morgonsolen tar sikte på det blå.

Östgötaförfattaren GÖRAN BERGENGREN, *Linets färg och barnets öga*, 1992

Blåklint är vanligast i södra Sverige, i åkrar, trädor och liknande mark som bearbetas. Trivs på kalkfattiga sandjordar. Upp till 80 cm hög. Blommar i juni i höstsådd säd, i juli–september i vårsådda fält. Ibland vita blommor. Ettårig.

Ursprung: inhemsk som "tundraväxt". Växer också vild i västra Medelhavsområdet, t ex på Siciliens berg och i Grekland och Turkiet.

Engelska: cornflower, franska: bleuet, tyska: Kornblume.

Exempel på de många gamla namnen: blåkorn, blågubbar, blåhattar, blåtupp, blått åkersilke, åkerrosor, kornblomma, rågtuppor, blå ringblomma, finlandsrosor, duvstol, båtsmansmössa . . .

Sitt latinska namn *Centaurea* har den fått efter Akilles lärare, kentauren Chiron, som var hälften människa och hälften häst. *Cyanus* kommer ur grekiskans ord för mörkt blå, kyanos. Klintsläktet rymmer ett 10-tal nordiska arter och hör till familjen korgblommiga växter, *Asteraceae*.

Murgröna

Hedera helix

MURGRÖNANS VINTERGRÖNA bladverk har fått symbolisera trofasthet och tillgivenhet, ja till och med odödlighet. Den är en av de mest högaktade växterna överhuvudtaget, vilket kanske låter en smula förbryllande i svenska öron.

För oss är den väl snarare en lite anonym växt, som man inte möter särskilt ofta i naturen och en som man sällan ser blomma – i alla fall inte utanför dess högst begränsade trivselområde.

Jag har den själv utmed fårhuset, den har hållit till där i alla de arton år vi bott på vår lilla Skånegård. Den klättrar inte nämnvärt utan ålar sig snarare längs husets stenfot och skickar iväg enstaka utlöpare i gräset. Den formen, den markgröna snarare än den murgröna, är inte ovanlig i vårt land. Och den blommar aldrig.

När betingelserna är de rätta (kalkrik mulljord och ett milt, fuktigt klimat) kan dock murgrönan utveckla väldig växtkraft och ståta med nektarrika blommor, som slår ut så sent på året att man gissar att humlorna gör en frivolt av pur lycka.

Murgrönan är en av få inhemska växter som lyckats övertyga också som krukväxt (en annan är det oansenliga, blåblommande ogräset jordreva). Som rumsväxt lär murgrönan vara tacksam och tålig, för några decennier sedan fick den ofta täcka en hel vägg i svenska vardagsrum.

Den som studerar murgrönor märker att utseendet kan växla. De typiskt flikiga bladen får när (och om!) växten ska blomma, sällskap med ovala blad som saknar flikar. Förr talade man om murgrönans fyra åldrar. I den första hette den "murgrönan som kryper vid jorden", den lite äldre fick namnet "murgröna som är större, dock ofruktbar". I sin medelålder kallades den "trädmurgröna" och som gammal fick den namnet skaldemurgröna *(Hedera poetica!).* I Rom var det vanligt att diktare hedrades med en krans av murgröna.

Murgrönan kan bli åtskilliga hundra år och dess trä lär förr ha varit mycket eftertraktat för tillverkning av dryckeskärl. Ett sådant påstods ha förmåga att släppa igenom vatten men behålla vin. En värdefull egenskap i tider då vinet ofta späddes ut.

I det gamla Grekland var murgrönan vinguden Dionysos blomma. I Rom tillskrevs den följdriktigt Bacchus. Den symboliserade – i bägge fallen – livslust och munterhet och den som vill kan kanske se det som både passande och lustigt, att den trivs så väl på Gotland, denna vackra, solvarma blomsterö, som så många svenskar nuförtiden förknippar med lata sommardagar och hektiskt nattligt nöjesliv.

Vi kan mana fram detaljer av det försvunna landskapets gröna kaos. Årbräckta ekar kvävdes under tunga toviga klungor av murgröna; mistelkvastar gömde sig i lindkronorna. Vildsvin bökade efter ollon och rötter i myllan. Kilometervida mattor av vårblommor skimrade i solspelet under hasslarna och senare på sommaren skymtade bleka mullorkidéer ur den gröna skuggan.

STEN SELANDER, Om värmetidens urskogar, ur *Det levande landskapet i Sverige*, 1957 (-87)

Murgrönan kan i kustnära trakter i södra Sverige bilda stora snår. Klänger på träd, murar etc, kan nå 20 meter. Blommar i september–oktober. Sprids med blåsvarta bär som mognar först på våren och äts av fåglar. Vintergrön. Flerårig.

Ursprung: invandrade tillsammans med t ex mistel, järnek, idegran och sjönöt, när klimatet för ca 9 000 år sedan började bli mildare och stora lövskogar bildades. Fram till yngre stenåldern (ett par tusen år före Kristi födelse) hade den betydligt större utbredning än den har i våra dagar.

Engelska: ivy, franska: lierre, tyska: Efeu.

Gamla svenska namn: bomsnärja, murbinda, bergklänga, heder, vintergröna, grönlöv, murgrön, träväva, vinnträd m fl. På Gotland kallades – och kallas – den rind.

Släktet *Hedera* har bara denna enda representant hos oss. Det tillhör familjen araliaväxter, *Araliaceae*, vars medlemmar vanligen hör hemma i tropikerna. *Hedera* anses komma ur fornindiskans ghedh, som betyder gripa, omfatta. *Helix* är bildat av grekiskans helisso och används för att beteckna många ting med vriden form, t ex snäckor.

Linnea

Linnaea borealis

Det sägs att Linné älskade denna lilla storskogsört högst av alla vilda växter. Det är möjligen sant. Men när man läser Linnés anteckningar, hans reseskildringar och floror, finner man att han var en stor entusiast, en som alltid sökte och ofta tyckte sig finna nyttan, det goda, i naturen. Säkert hade han många älsklingar i vår flora. Till "våra skogars skönaste och behagligaste blomma" utnämnde han t ex skogsstjärnan, som åtminstone nuförtiden är vanligare i Småland än linnean.

Förslaget att uppkalla växten efter honom kom från en holländsk botanist. Linné samtyckte, smickrad får man förmoda av hans i överkant ödmjuka motivering till varför namnet nog var passande, trots allt: "Det är en växt som har sitt hem i Nordens vildmark, låg till växten och nedtryckt mot jorden, av ringa värde, obeaktad och med kortvarig blomning; den har således likhet med sin Linnaeus."

De som kände Linné höll honom annars inte för att vara *så* blygsam.

Men blomman och den berömde botanisten blev för evigt förenade. Linné lät sig flera gånger porträtteras med en linnea i handen och han tog den som motiv i sitt sigill och i den adliga skölden. Det ligger också nära till hands att uppfatta linneans innebörd i blomsterspråket som en replik till den anspråkslöse vetenskapsmannen: "Den

verkliga förtjänsten är över allt smicker."

Men vad hette blomman innan man i mitten av 1700-talet började använda namnet "linnei-ört", eller "min ört", som Linné själv ofta kallade den i sina böcker?

Det förekom ett flertal lokala namn: jordkrona, vindgräs, giktgräs, benvärksgräs, klågräs etc. De flesta antyder att blomman troddes vara verksam som läkeväxt mot bland annat gikt, en krämpa som Linné själv plågades av.

Som medicinalväxt höll den inte riktigt måttet men Linné lär ha föreslagit att den späda örten, som dock kan skicka iväg sex meter långa revor i mosstäcket, skulle bli en "rikssvensk tesort". Hade detta vunnit gehör kunde det ha gått illa för linnean, ty den hör till de vilda växter som inte gärna låter sig odlas.

Blommorna doftar ganska starkt, särskilt mot kvällen. Detta, liksom det slingrande växtsättet, är de enda ledtrådar som antyder växtens plats i Linnés blomsterrike: den småländska linnean är faktiskt närmast släkt med den bohuslänska kaprifolen!

Doften från de näpna, klockformade tvillingblommorna har liknats vid så olika ting som anis och mandel. Den tycks – i likhet med konvaljens doft – särskilt attrahera flugor, vilka pollinerar blomman. Fröna sprids senare av förbipasserande djur. Ett skolexempel på fint samspel i naturen.

Till sist några välformulerade ord om den lilla linnean: "Fin som en kammarduksnål i grönskande sammet stucken, stängeln så rak som ett strå, så nätt, så sirlig, så pyntad."

Linné?

Nej, Strindberg!

Nu när du sover eller är borta, Sommar, är du en smula gudinna för mig, nu, mitt i vintern, är det tid att tala om dig och tänka på dig, på hur linneornas lilla älvatåg dansar, sjungande därtill sin doft, slingrande genom ett ridgötaland av idel användbarheter.

GUNNAR EKELÖF, Om sommaren, ur *Utflykter*, 1947

Linnea är ganska vanlig i barrskogar i större delen av landet men mer allmän i norra halvan än i den södra. Blommar juni–augusti. Lång, krypande stjälk med 5–10 cm höga blomstänglar. En halvbuske, delvis förvedad. Övervintrar med gröna blad. Kan bli mer än 10 år.

Ursprung: anses vara en följeslagare till granen och invandrade troligen tillsammans med den något tusental år före Kristi födelse.

Engelska: linnaea, franska: linnée boréale, tyska: Mossglöckchen.

Förutom de nämnda finns ytterligare några exempel på gamla svenska namn, huvudsakligen från 1800-talet: vita klockor, myrtågor, anisblomster, mobjälla, skogsmysk och skogslilja.

Linneasläktet rymmer bara en enda ört, Linnés egen. Det vetenskapliga namnet, *Linnaea*, är en hyllning till den svenske blomsterkungen men egentligen är det en latinisering av ordet lind! *Borealis* betyder nordlig, efter grekiskans namn för nordanvind, boreas, och är ett tillägg som Linné själv gjorde. (Det finns en varietet av växten i Nordamerika under namnet *americana*.) Släktet hör till familjen kaprifolväxter, *Caprifoliaceae*.

Hårginst

Genista pilosa

Frågan är om inte den glatt gula ginsten hör till de mest missuppfattade buskarna i vår natur. Själv minns jag ett strövtåg längs en gulblommande strandäng på Österlen i Skåne. Vi såg en rosenfink spänna sina körsbärsröda bröstfjädrar i solen, den övade gång efter annan sin korta operettreplik: ”Nice to meet you! Nice to meet you!”

När fågeln flugit och vårt intresse riktades mot den vackra ”ginsten” gav bläddrandet i floran samma besked som jag fått så många gånger förut men ändå inte riktigt förmått fatta: de gula buskarna i vår natur är, med ytterst få undantag, *inte* ginster, utan nästan alltid harris, eller någon gång ärttörne.

Men mest är det alltså harris vi ser, eller har-ris, som man nog bör skriva det för att ge ett tips om uttalet. Det finns människor som bott hela sitt liv på Harrisvägen och fortfarande undrar vem Harris är!

Har-ris är en buske som är rätt vanlig i sandiga områden i södra Sverige. Den kan bli bli två meter hög, om inte hararna äter upp den. Den har långa, mjuka, gröna grenar och är mycket iögonfallande under blomningen på våren och försommaren. Men den hör egentligen inte till ginsterna utan utgör ett eget, angränsande släkte.

De fyra ginstarterna, färgginst, nålginst, tysk ginst samt Hallands hårginst, hör däremot till de verkliga sällsynt-

heterna i vårt land. De är allesammans mycket lågvuxna, ingen når normalt knähöjd, och de hör intimt samman med öppna ljunghedar. Få har sett dem, det gäller även hallänningar.

Bra vägledning i detta snåriga ämne får man av en blomsterbibel av Bo Mossberg och Lennart Stenberg, Den Nordiska Floran. Där serveras alla gula buskar på ett vackert uppslag, var och en med sina särdrag. Så enkelt att också en lekman på ett ögonblick kan bli fackman!

Medelhavsområdet är annars ursprungsmiljön för de flesta av dessa växter, vilket märks i den riktiga bibeln där ginster också dyker upp då och då. Mycket vanlig är den spanska ginsten, som nog finns med på ett hörn på många turistkort från resor söderut.

Hallands hårginst är betydligt mera svårfotograferad. Den har ett utpräglat lågmält växtsätt och når bara någon decimeter över marken. Den finns mest i södra delen av landskapet, upp till Nissan, särskilt på de ställen där man håller liv i traditionen att bränna ljunghedarna om våren för att bevara den öppna karaktären, t ex Mästockaheden. Försvinner den landskapstypen kommer nog också ginsten att lämna landet.

Ett tips till den som vill uppleva Hallands sällsynta blomma är att ta tåget utmed Västkustbanan (Malmö–Göteborg). Längs banvallen och i vissa vägkanter har hårginsten, som så många andra vilda växter, fått en sista fristad.

På andra sidan sjön tog byns väldiga utmarker vid, öde ljunghedar, där ginsten brann som eldslågor, vida myrar, där ängsullen drev som snö för vinden, oändliga torvmossar, såriga och svarta med en gul lilja eller en röd tistel stående som vakter. Torpen och byarna gav ett svagt liv åt den oändliga heden, vars ljung ställvis brändes för att ge beten åt byarnas kreatur som vallades av sju–åttaåriga ottepågar och ottetöser.

Hallandsförfattaren Fredrik Ström, ur *Min ungdoms strider*, 1940

En krypande buske som hör hemma i hedlandskap. Finns i södra Halland och nordvästra Skåne. 10–30 cm hög, blommar i maj–juni. Skiljs från närbesläktade arter på att bladens undersidor är silkeshåriga.

Ursprung: förekom sannolikt i de första kustbundna ljunghedarna ett par tusen år före Kristi födelse. Det närbesläktade har-riset är en kulturväxt som förvildats.

Engelska: hairy greenwood, franska: genêt poilu, tyska: Haar-Ginster.

Hårginst kallades förr ofta knutginst samt ibland krypginst.

Ginstsläktet, *Genista*, rymmer närmare hundratalet arter av vilka bara fyra har påträffats hos oss, de flesta mycket sällsynt. Släktet hör till den omfångsrika familjen ärtväxter, *Fabaceae*, där både träd som gullregn och örter som käringtand ingår. *Genista* är det latinska artnamnet på en av ginsterna (har-riset). *Pilosa* betyder hårig.

Ölandssolvända

Helianthemum oelandicum

Ölands solvända trivs enbart i öppna landskap. Den var en av de första växterna som tog Öland i besittning när inlandsisen smälte bort och ön reste sig ur havet. Numera räknas den som endem, dvs som en art som endast finns på en enda plats på jorden – även om man faktiskt funnit underarter av den öländska solvändan i södra Europa.

För 10 000–15 000 år sedan var den en betydligt vanligare syn på många håll i Nordeuropa. På de karga tundrorna bredde en låg och slitstark vegetation ut sig. Det var tåliga stäppväxter och rikliga pollenfynd antyder att ölandssolvändan hörde till de mest framträdande. Den uthärdar torka och kyla eftersom den, i likhet med fjällsippan, inte är en ört utan en halvbuske med förvedade stjälkar. Ölandssolvändan fanns ymnigt i Danmark, Skåne, Östergötland och på åtskilliga andra platser.

Däremot trivs den inte alls i en frodigare omgivning och när klimatet blev mildare och skog började vandra in, försvann i ett enda slag förutsättningen för många av pionjärväxterna. De drog sig undan till fjällhedarna. De guldgula blommorna som i juni får stora delar av alvaret att formligen bada i ljus är en sista rest, en relikt av istidens flora. Ett botaniskt fornminne, om man så vill.

Den vanliga solvändan förekommer däremot även på

fastlandet. Också den hör till den ursprungliga, senglaciala floran. Den är alltjämt relativt vanlig på torra, kalkrika ängsmarker i södra Sverige.

Solvändorna vänder sig, förstås, efter solen, det är så de har fått sitt namn. Men detta är de långt ifrån ensamma om. De flesta blommor följer solens gång men gör det på ett mer eller mindre markerat vis. När hundratusentals solvändor vrider sig blir det mycket påtagligt – liksom när en maskrosäng under loppet av en majdag vänder blicken från öster till väster.

Många blommor har dessutom en särskild dygnsrytm och slår ut vid mer eller mindre bestämda klockslag. Gotlandssolvändan blommar en stund på morgonen, medan ölandssolvändan blommar intensivast mitt på dagen.

Under försommaren sätter den sin prägel på alvarmarken på den södra delen av ön, den vindpinade, vackra kalkheden som är hemvist också för andra småskaliga ting: läckra vårmusseroner, otaliga orkidéer, doftande alvarlök, vit fetknopp och rosenvingade gräshoppor.

Träd trivs dock inte alls i det torra och krävande klimatet. Högre växter än sensommarens gulblommande ölandstokar (som inte är släkt med solvändorna!) göre sig inte besvär.

Därför kan ölandssolvändan än idag färga försommaren gyllengul i det fem mil långa, vidöppna istidslandskapet.

Rosenvingad gräshoppa

Solvända! Solbrända hällarna svalka sin kalk,
skyarna prunka, ut seglar en aftonfalk.
Blomma, om kvällarna vågar jag andas min bön,
nalkas och sjunka hit ner till ditt läger på ön.

Vårherden, fårherden följer min vaggande ton,
sjunger för hjorden vid fållan bland vipornas bon.
Modlöst han döljer sin längtan vid strålande dag,
finner blott orden i skymningens lönndom som jag.

Erik Axel Karlfeldt, Zephyrs serenad till Ölands solvända, ur *Flora och Bellona*, 1918

Ölandssolvändan finns endast på Öland. 10–20 cm hög. Blommar i juni. En halvbuske. Blommorna saknar nektar men är rika på pollen, vilket lockar insekter att besöka dem. De 5 kronbladen är lätt tillbakaböjda, som om blommorna spände ut sig i solen.

Ursprung: en av de första växterna som slog rot i vårt land när inlandsisen smälte.

Engelska: hoary rockrose, franska: helianthème d'Oeland, tyska: Graufilziges-Sonnenröschen (eng. och ty. avser en underart).

Solvändan kallades ibland solsist, solviva, solskära och gyllene solblomma och Helga Trefaldighetsblomma. Ölandssolvändan Ölandssist, Ölands gyllenört, öländsk solviva och risig solvända.

Solvändesläktet har bara fyra arter i Sverige. Släktet hör till familjen solvändeväxter, *Cistaceae*, med ca 170 arter. De flesta är buskar, t ex cistrosorna kring Medelhavet. *Helianthemum* är sammansatt av grekiskans ord för sol, helios, respektive blomma, anthemon. Det betyder alltså solblomma eller solblommande. *Oelandicum* betyder öländsk.

Ek

Quercus robur

Sparbankernas gamla symbol, en knotig ek med vid krona, berättar bara halva sanningen om detta träd. Ekar som växer i tätare bestånd, i skogar, får nämligen ett helt annat utseende med raka, kraftiga stammar. Sådana ekskogar fanns det förr mycket gott om i Sverige.

Under stormaktstiden var dock behovet av krigsfartyg skriande och hundratusentals ekar fälldes för att bli skeppsvirke. Till ett enda fartyg gick det åt ca 2 000 stammar. Trädet räknades som kronans, dvs konungens, egendom och under ett par århundraden jämnades den största delen av ekskogarna med marken. Områden som kalhöggs var t ex Masthugget (observera namnet!) i Göteborg och delar av Öland. Men kvar lämnades ofta de mindre värdefulla, ensamväxande ”sparbanksekarna”.

Tvärtemot vad man kanske tror är eken ett snabbväxade träd. Det kan förekomma i de mest skiftande miljöer och utveckla helt olika former, 30 meter höga träd eller små, städsegröna buskar.

Ekar blir ofta långlivade. De äldsta nu kvarstående träden i Sverige anses ha börjat växa under medeltidens senare del. Rekordträdet är den så kallade Rumskullaeken i Norra Kvill i Småland. Den är närmast en ruin och mäter ca 13 meter runt om. Dess ålder uppskattas till mellan 900 och 1 000 år. Totalt finns faktiskt fler än 4 000 fridlysta

ekar i landet, merparten i Stockholmstrakten.

De flesta av oss lägger nog inte märke till ekens blommor när de slår ut i samband med lövsprickningen. Hanblommorna är hängen, medan de rödaktiga, ytterst små honblommorna sitter direkt på grenarna. Av dessa blomsterminiatyrer bildas om hösten ett av de största vilda "fröna" i vår natur, ekollonen.

Nötskrikan älskar ekens frukter (som ur botanisk synvinkel är nötter, därav fågelns namn!) och gömmer om hösten små förråd i marken, gärna inne i täta barrskogar. En hel del av dessa ollon glöms bort och resulterar i spirande ekplantor.

I takt med att ekskogarna försvunnit har vi också förlorat mycket av det djurliv som är bundet till den naturtypen. Insekter som ekbock och ekoxe är nu ytterst sällsynta. Sammanlagt är flera hundra insektsarter knutna till eken, vilket i sin tur gör trädet livsviktigt för andra djur. Den fågelart som senast utrotades i vårt land (på 1980-talet) var mellanspetten, en hackspett som är helt beroende av gamla, sammanhängande ekskogar.

Eken var Tors träd, vilket säkert hänger samman med det faktum att det så ofta drabbas av blixtnedslag. Förr sa man att Tor försökte slå ihjäl trollen som sökt skydd under trädet. Sant är nog att man bör undvika "sparbanksekar" när det drar ihop sig till oväder.

Stort galläpple

Pris vare ekarna, de trofast grå,
som fälla löven senast!
Man skall ej äga hela våren genast,
det går ju ändå som det måste gå.

Är inte våren lyckligast och renast
i mars, den ljusnande och aningsgrå?
April blir tung av ångestspänning genast,
och maj är alltför färdig, alltför blå.
Tack vare ekarna, som lövas senast,
finns dock ännu en del att vänta på.

EINAR MALM, Ekarna, ur *Än flyga svanarna*, 1937

Eken blommar först vid ca 50 års ålder, i samband med lövsprickningen. Allmän upp till Norrlandsgränsen men längre norrut finns gott om planterade ekar. Kan bli omkring 600 år, enstaka exemplar troligen 1 000 år.

Ursprung: invandrade söderifrån i samband med att klimatet blev mildare för omkring 8 000 år sedan.

Engelska: oak (pedunculate oak), franska: chêne, tyska: Stiel-Eiche.

Våra bägge ekarter heter skogsek och bergek.

Eksläktet rymmer ca 300 arter. Det hör till familjen bokväxter, *Fagaceae*. *Quercus robur* är det romerska namnet på ek. Robur betyder styrka och har, liksom eken som sådan, utnyttjats som symbol i finansvärlden. Robur är t ex namnet på det företag som förvaltar Sparbankernas aktiefonder.

Kungsljus eller ek?
När blekingarna röstade om sin blomma vann liljekonvaljen, tätt följd av förgätmigej. På tredje plats kom blåklinten. Dessa gick dock till andra landskap och Blekinge tilldelades eken, som även finns i landskapets vapen. Som landskapsblomma har den på senare år fått konkurrens av kungsljuset.

Prästkrage

Leucanthemum vulgare

När prästkragen kom till Sverige pågick en omfattande invandring i vår flora. Under 17- och 1800-talet köpte vi stora mängder utländskt vallfrö, dvs frö av olika gräsarter som man sår för att skörda hö. Fröerna samlades in på vilda ängar i bl a Frankrike och Tyskland – och med på köpet följde massor med blomfrön, liksom en hel del ogräs. Så anses den franska margueriten, liksom åtskilliga andra europeiska blommor, ha kommit till Sveriges ängar.

Den räknas till de synantropa arterna, dvs till de många växter, djur och fåglar som är mer eller mindre kulturberoende, som gynnats av människan. Det kan man ana ännu i våra dagar, när prästkragarna lyser i tusental i vägkanterna.

Ett kännetecken på den ”riktiga” prästkragen är att den som regel har ogrenad stjälk med bara en blomma i toppen. Men under begreppet prästkragar hamnar ibland åkrarnas baldersbrå (som har ”dillblad”) liksom den snarlika åkerkullan. För att inte tala om de otaliga kultiverade varianterna av chrysanthemum, eller ”kryzz” som min blomsterhandlande syster kallar dem. I hennes handbok finns 57 varianter på bild, i de mest skiftande färger och former. Merparten härstammar från prästkragens orientaliska släktgren, *Chrysanthemum indicum*, som är en av Asiens mesta kulturväxter, tillika Japans nationalblomma.

Där kan man få den serverad på restaurang, i friterad form, berättar en berest filmare i vänkretsen.

En annan sida av blomman: prästkragen tillhör de växter som ger allergiker bekymmer. Den är vindpollinerad och har i likhet med t ex björk och gråbo stora mängder frömjöl. Det kan ibland orsaka nysningar i både blomsterbutiker och trädgårdar.

I många länder har den använts som en "orakelblomma", en som man rådfrågat i känsliga kärleksärenden. Det danska namnet spårose vittnar om detta, och blommans betydelse i blomsterspråket spinner på samma tema: "Säg mig gudasvaret om min lycka."

Prästkragen är alla Margaretors blomma. Det blev den när Marguerite av Anjou 1572, blott 15 år gammal, gifte sig med Henrik av Navarra och tog blomman som sitt emblem.

När Skåne fick den var en annan Margareta inblandad; dåvarande kronprinsessan Margareta var nämligen landskapets hertiginna. Hon älskade blommor (hennes blomsteranläggning vid Sofiero slott återinvigdes sommaren 1993) och en av hennes favoriter var just prästkragen. Detta ska enligt somliga källor ha påverkat utgången av omröstningen i Skåne.

Namnet Margareta kommer för övrigt av grekiskans ord för pärla. Det passar fint för denna gränslösa blomma, som åtminstone i sin vita variant har just en pärlas glans.

Prästkragsvind har inget sus
tystnar i blomhjulens
mjuka ekrar,
soldagens vita
ljuvliga oro
bara böjer och böljar,
vågar emot mig
faller tillbaka.
Prästkragsvind,
hade jag mildare ögon såg jag
andehänder i ängen röra

Sten Hagliden, ur *Kringrännas*, 1950

Prästkragen växer på ängar, torra backar, vägslänter. Blommar från juni. 20–70 cm hög. Föredrar kalkfattiga jordar. Flerårig med krypande jordstam. Övervintrar med gröna bladrosetter. Frukten, i vilken fröna finns, är klibbig i väta och sprids ofta genom att den fastnar på djur (och bildäck!).

Ursprung: anses vara ”importerad” med utländskt vallfrö.

Engelska: oxeye daisy, franska: marguérite des prés, tyska: Gewöhnliche Wucherblume (Margerite).

I vårt land kallades den förr kragblomma, prästnacke, vitnacke, älskansblomma, hundteja, skatört, vitkulla, vitört, vit oxöga m fl.

Prästkragen har numera skilts från de ca 150 arterna i *Chrysanthemum*-släktet och placerats i ett eget fack inom den stora familjen korgblommiga växter, *Asteraceae*. Det vetenskapliga namnet *Leucanthemum* kommer från grekiskan och betyder vit blomma. *Vulgare* betyder allmän. Naturen i varmare trakter erbjuder också en sorts prästkageträd, där blommorna sitter direkt på grenarna.

EN BLOMSTERALMANACKA MED 365 VÄXTERS BETYDELSE I BLOMSTERSPRÅKET

JANUARI

Frostmånad

Vinterns kyla, så isande
som de Riphaeiska fjällens,
jagas bort av den milda zefyr
med dess molnfria himmel.

Fruktställning, gullviva

1 *Murgröna* Min trohet förvissnar aldrig

---

2 *Buxbom* Du är kallare än stål

Svea

Sverker

---

3 *En* Jag upphör aldrig att älska dig

Alfred

Alfrida

---

4 *Tall* Med dig såsom ledstjärna ställer jag lugn min färd genom livets bränningar

Rut

Ritva

---

5 *Akacia* Kan någon motstå mig?

Hanna

Hannele

---

6 *Kaktus* Du tjusar och du sårar

Baltsar

Kasper

---

7 *Vinranka* Åtag dig ej mer än du kan fullborda

August

Augusta

---

8 *Jungfrun i det gröna* Undvik mig, jag kan ej fördra din blick

Erland

Erhard

---

9 *Timjan* Kom ej i vårt sällskap, du stör vår glädje

Gunnar

Gunder

---

10 *Salvia* Blott tanken på dig uppehåller detta arma hjärta

Sigurd

Sigmund

---

11 *Islandslav* Missakta mig icke för att jag verkar obetydlig, jag skapades ej att lysa, utan att gagna

Hugo

Hagar

12 *Morgonstjärna* Given en anhållan om förlovning

Frideborg

Fridolf

---

13 *Geranium* Jag ser dig icke ogärna

Knut

---

14 *Avenbok* Din svartsjuka skrämmer mig

Felix

Felicia

---

15 *Iris* Fordra gärna vänskap, blott icke kärlek

Laura

Liv

---

16 *Mejram* Är du fiende till kärleken, säg?

Hjalmar

Hervor

---

17 *Pensé* Tänk på mig

Anton

Tony

---

18 *Ceder* Låt ej din lycka berusa dig

Hilda

Hildur

---

19 *Röd ros* Jag älskar dig

Henrik

Henry

---

20 *Vit ros* Jag älskar din själ

Fabian

Sebastian

---

21 *Gul ros* Jag är välbeställd

Agnes

Agneta

---

22 *En avbladad ros* Mitt hjärta är ännu så fäst vid en avliden vän att jag ej kan vända min håg till någon ny kärlek på jorden

Vincent

Veine

23 *En rosenknopp* Jag har älskat dig länge i hemlighet

Emilia

Emelie

---

24 *Nyponros* Att vara alltför hövlig är ohövligt

Erika

Eira

---

25 *Rosentagg* Fastän det smärtar måste jag säga nej, jag har redan givit mitt löfte till en annan

Paul

Pål

---

26 *Oleander* Du förtjusar mig

Bodil

Boel

---

27 *Petunia* Sirlighet

Göte

Göta

---

28 *Pelargonia (scharlakansröd)* Där lyckan går upp, går ödmjukheten vanligtvis ned

Karl

Karla

---

29 *Pelargonia (rosenröd)* Narrar växa ovattnade

Valter

Vilma

---

30 *Björk* Jag vill offra mitt hjärteblod för dig, om det kan göra dig något nöje

Gunhild

Gunilla

---

31 *Vass* Jag har förstått dig

Ivar

Joar

FEBRUARI

Snömånad

Stelnande vinterns tvång
nu löses av vårens milda fläktar

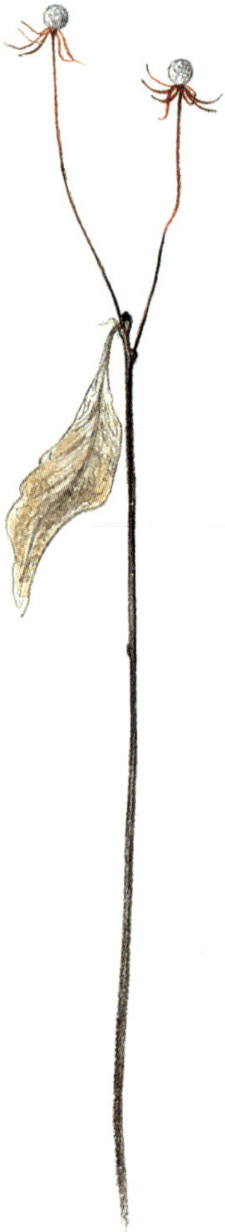

Fruktställning, skogsstjärna

1 *Snödroppe* Mitt hjärta är rent

Max

Magda

---

2 *Fuchsia* Jag kunde dö för dig, men ännu hellre vill jag leva för dig

Marja

Mia

---

3 *Anemone* Din svartsjuka är överflödig

Disa

Hjördis

---

4 *Primula (enfärgad)* Rädda mig, någon är efterhängsen

Ansgar

Anselm

---

5 *Primula (mångfärgad)* Du är vankelmodig

Lisa

Elise

---

6 *Narciss* Jag älskar, men icke dig

Dorotea

Dora

---

7 *Begonia* Sympati

Rikard

Dick

---

8 *Kärleksört* Får jag aldrig träffa dig ensam?

Berta

Berthold

---

9 *Apelsinblom* Jungfrulighet

Fanny

Betty

---

10 *Lavendel* Om du blir aldrig så gammal, skola dina behag icke övergiva dig

Egon

Egil

---

11 *Azalea(rosa)* Kärlek till naturen

Yngve

Ingolf

12 *Azalea (vit)* Herdestund

Evelina
Evy

---

13 *Rättika* Tårar är icke alltid bevis på sorg

Agne
Agnar

---

14 *Kaveldun* Stelhet är icke styrka

Valentin
Tina

---

15 *Klibbal* Spegla dig gärna, ty spegeln talar sanning

Sigfrid
Sigbritt

---

16 *Cyklamen* Svartsjuka

Julia
Jill

---

17 *Idegran* Evigt din

Alexandra
Sandra

---

18 *Berberis* Du är icke sådan du synes!

Frida
Fritz

---

19 *Lobelia* Redan länge har jag i tysthet älskat dig

Gabriella
Ella

---

20 *Spansk peppar* Lidande befäster kärlek

Rasmus
Ruben

---

21 *Selleriblad* Trolöse, jag vill aldrig mera se dig

Hilding
Hulda

---

22 *Kamelia (röd)* Du kan icke älska

Marina
Marlene

---

23 *Kamelia (vit)* Nu eller aldrig

Torsten

Torun

---

24 *Vallmo* Du är mig för sömnig

Mattias

Mats

---

25 *Nejlika* Du yvs med skäl över din skönhet

Sigvard

Sivert

---

26 *Blomman för dagen* Skall jag ej se dig åter?

Torgny

Torkel

---

27 *Mandelträd* Du är skön i blomningsstunden, men säg mig, är din kärleks frukter ljuva eller bittra?

Lage

Laila

---

28 *Mullbärsträd* Vishet

Maria

Maja

---

29 *Läkemalva* Våga något och du vinner allt

MARS

Vårvintermånad

Vid vårens början
mildras vinterns stränghet
av västanvinden

Övervintrande revor, linnea

1 *Tussilago* Den allra första kärleken

Albin

Inez

---

2 *Krokus* Oro

Ernst

Erna

---

3 *Kyndel* Din skönhet behöver inget yttre prål

Gunborg

Gunvor

---

4 *Pärlhyacint* Du är så späd och fin

Adrian

Ada

---

5 *Videkvist* Varför är jag dig ej god nog?

Tora

Tor

---

6 *Alm* Din hårdhet mot andra förtjusar mig, var blott icke hård mot mig

Ebba

Ebbe

---

7 *Mimosa* Säkerhet

Isidor

Doris

---

8 *Häggmispel* Min lott är ringa men jag fordrar ej heller mycket

Siv

Saga

---

9 *Klockpyrola* Vad du är mild!

Torbjörn

Ambjörn

---

10 *Tibast* Förgäves söker ni, under en förledande yta, bibringa mig ett gift, som skulle kunna tillintetgöra mitt hjärtas frid

Edla

Ethel

---

11 *Ryl* Lycklig den som finner den länge sökta

Edvin

Elon

12 *Pil* Jag vill i allt rätta mig efter dig

Viktoria
Viktor

---

13 *Persikoblom* Din blygsamhet går för långt

Greger
Iris

---

14 *Persika* Du har ett milt yttre, men ett hårt hjärta

Matilda
Maud

---

15 *Hassel* Din kärlek blommar på bar kvist

Kristoffer
Christel

---

16 *Hasselkvist* Du behöver komma på grön kvist, innan du tänker på giftermål

Herbert
Gilbert

---

17 *Enbär* Jag har redan skänkt mitt hjärta åt en annan

Gertrud
Görel

---

18 *Gråal* Alltid lika blygsam

Edvard
Eddie

---

19 *Aprikos* Otrohet

Josef
Josefina

---

20 *Grässtrå* Svara! Jag försmäktar

Joakim
Kim

---

21 *Dårrepe* Vi är förlorade

Bengt
Benny

---

22 *Tranbärsris* Att förlåta är den bästa hämnd

Viking
Vilgot

23 *Lind* Du äger mitt hjärta

Gerda

Gerd

---

24 *Gröe* Drömmeri

Gabriel

Rafael

---

25 *Färglav* Ruiner störta ihop, men kärlek varar evigt om vänskap är dess grundval

Mary

Marion

---

26 *Rödmire* Lita icke fullkomligt på dina vänner

Emanuel

Manne

---

27 *Vårbrodd* Det är bättre att lida orätt, än att göra det

Ralf

Raymond

---

28 *Tobaksblomma* Mot min vilja måste jag väl vänja mig vid dig

Elma

Elmer

---

29 *Odört* Kärleken är starkare än döden

Jonas

Jens

---

30 *Balsampoppel* Kunde väl skönheten söka bättre sällskap än dygden

Holger

Reidar

---

31 *Vildtulpan* Om jag ej i börd är din jämlike, så är jag det åtminstone i hjärtat

Ester

Estrid

APRIL

Gräsmånad

Våren och doftande Floras behag
högt prisas och lovas

Bladrosett, gullviva

1 *Blåsippa* Jag börjar känna kärlekens vår i mitt hjärta

Harald

Halvar

---

2 *Vitsippa* Ditt öga säger mer än dina läppar

Gunnel

Gun

---

3 *Brännässla* Jag tål ej näsvishet

Ferdinand

Florence

---

4 *Pestskråp* Älska innerligt och kärleken skall göra ditt hjärta friskt från svartsjukans pest

Irene

Irja

---

5 *Lungört* Åren avkyla hjärtats värme

Nanna

Nanny

---

6 *Påsklilja* Stolthet

Vilhelm

Willy

---

7 *Mosippa* Jag trivs i fattigdom

Irma

Mimmi

---

8 *Törnrosblad* Ja!

Vanja

Ronja

---

9 *Törnroskvist* Nej!

Otto

Ottilia

---

10 *Tusensköna* Många små nöjen göra livet behagligare än några få stora som efter sig lämnar endast tomhet

Ingvar

Ingvor

---

11 *Kvittenblomma* Förakta mig om du vill, jag tillbeder dig ändå

Ulf

Ylva

12 *Tulpan (gul)* Tror du dig vinna något med högmod?

Julius

Gillis

---

13 *Tulpan (röd)* Mitt största fel är att jag älskar dig för högt

Artur

Douglas

---

14 *Tulpan (spräcklig)* Ja – eller nej?!

Tiburtius

Tim

---

15 *Grusbräcka* Var nöjd med det kärleksbevis jag givit, du får icke mera

Olivia

Oliver

---

16 *Äppelblomma* Skall du aldrig älska mig?

Patrik

Patricia

---

17 *Stor nunneört* Ju mildare kvinnan är, desto större är hennes välde

Elias

Elis

---

18 *Slånblomma* Kom närmare, var icke rädd

Valdemar

Volmar

---

19 *Ängsviol* Jag är icke den rätta, som du söker

Olaus

Ola

---

20 *Rönnkvist* Bliv ej överraskad, om jag narrar dig

Amalia

Amelie

---

21 *Getapel* Bär ditt kors med tålamod

Annika

Anneli

---

22 *Kabbeleka* Där tårar rinna vill jag trösta

Allan

Alida

23 *Gyllenlack* Jag förgås av längtan

Georg

Göran

24 *Skvattram* Gör du narr av mig?

Vega

Viveka

25 *Fältsippa* Du inger respekt utan att bemöda dig därom

Markus

Mark

26 *Magnolia* Skenet kan ofta bedra

Teresia

Terese

27 *Platan* Skyddsande

Engelbrekt

Enok

28 *Reseda* Själens skönhet är oförgänglig

Ture

Tyko

29 *Harsyra* Hovsam i glädjen, tålig i smärtan

Kennet

Kent

30 *Skelört* Kommer man i beröring med dig, har man att frukta det värsta

Mariana

Marianne

MAJ

Blomstermånad

Våren är fägringens tid,
allt livas och blomstrar om våren.
Och överallt på vår jord
av ljuvelig älskog det sjuder

Liljekonvalj

1 *Backsippa* En blick, och jag ligger för dina fötter

Valborg

Maj

---

2 *Jordreva* Är en stilla huslig lycka nog för dig?

Filip

Filippa

---

3 *Myskmadra* Ehuru du döljer dina goda egenskaper under ett anspråkslöst utseende, förrådas de dock av den angenämhet du sprider omkring dig

John

Jack

---

4 *Kejsarkrona* Du vore värd en krona, nu kan jag blott giva dig mitt hjärta

Monika

Mona

---

5 *Björklöv* Munvighet är icke kvickhet

Vivianne

Vivan

---

6 *Bokkvist* Du är förtjusande

Marit

Rita

---

7 *Gullviva* Ditt yttre är ljuvt men ditt hjärta är ljuvare

Lilian

Lilly

---

8 *Våradonis* Det sköna är sällsynt

Åke

Ove

---

9 *Almblad* Vi träffas snart

Jonatan

Gideon

---

10 *Vitplister* Du bedrager mig

Elvira

Elvy

---

11 *Gulsippa* Ni visar tvenne lynnen, vilket skall jag anse vara edert verkliga?

Märta

Märit

12 *Liljekonvalj* Att älska för mycket förslappar själen

Charlotta

Lotta

---

13 *Adam och Eva* Sök mig så skall du bli ljuvt belönad för din möda

Linnea

Nina

---

14 *Ängskavle* Jag uppoffrar mig gärna för din skull

Lillemor

Lill

---

15 *Maskros* Jag är som folk är mest

Sofia

Sonja

---

16 *Kungsängslilja* Djupt i mitt hjärta gömmer jag din bild

Hilma

Hilmer

---

17 *Vårärt* För tidig kärlek, för tidig död

Nore

Nora

---

18 *Syren* Trogen syskonkärlek ägnar jag åt dig. Fordra ingen annan ty det smärtar mig

Erik

Jerker

---

19 *Ängsruta* Man inser icke genast nyttan av att äga dig

Majken

Majvor

---

20 *Teveronika* Var öm emot mig, jag är svag

Karolina

Lina

---

21 *Vattenklöver* Jag älskar originalitet, när den förenas med behag

Konstantin

Conny

---

22 *Blåbärsblomma* Jag delar gärna allt med dig

Henning

Hemming

23 *Blåbärskvist* Du är ljuv i din oskuld

Desirée

Renée

---

24 *Ängsbräsma* Varför så blek?

Ivan

Yvonne

---

25 *Fjällsippa* Ödmjukheten är skön

Urban

Ursula

---

26 *Gökärt* Min kärlek skall icke kylas av åldern

Vilhelmina

Helmy

---

27 *Vit näckros* Ni är skön, men jag flyr er, ty jag känner er

Blenda

Beda

---

28 *Gul näckros* Vilka härliga tankar döljer sig under din liknöjda min?

Ingeborg

Borghild

---

29 *Tok* Min kärlek är öm men mina grundsatser orubbliga

Jean

Jeanette

---

30 *Ängsull* Ett lysande elände

Fritiof

Frej

---

31 *Månviol* Varför icke alltid lika?

Isabella

Isa

JUNI

Midsommarmånad

Hastigt skyndar nu bort
sommarens flyktiga ros

Frukter, styvmorsviol

1 *Timotej* Jag är stolt över att kunna vara dig till nytta

Rune

Runa

---

2 *Humleblomster* Låt icke den anspråkslöshet du nu visar, förbytas till ett missledande övermod

Rutger

Roger

---

3 *Smörbollar* Följ ditt hjärtas röst

Ingemar

Gudmar

---

4 *Prästkrage* Säg mig gudasvaret om min lycka

Solveig

Solbritt

---

5 *Hundkäx* Jag är din slav

Bo

Boris

---

6 *Smultronblomma* Jag håller mina löften

Gustav

Gösta

---

7 *Bergskrabba* Kom, jag längtar efter att få äga dig

Robert

Robin

---

8 *Käringtand* Bit mig icke

Eivor

Elaine

---

9 *Kronlilja* Det pris för vilket jag brunnit har jag lyckligen vunnit

Petra

Petronella

---

10 *Ögontröst* Blott jag ser dig, känner jag mig bättre

Kerstin

Karsten

---

11 *Linnea* Den verkliga förtjänsten är över allt smicker

Bertil

Berit

12 *Nattviol* För stor njutning dödar

Eskil
Esbjörn

---

13 *Kärrfibbla* Var försiktig om du vill finna mig

Aina
Eila

---

14 *Jungfru Marie nycklar* En fläck på hyn är intet, blott själen är fläckfri

Håkan
Heidi

---

15 *Johannesnycklar* Jag älskar tapperheten

Margit
Mait

---

16 *Kråkklöver* Jag älskar brunetta skönheter

Axel
Axelina

---

17 *Liten sandlilja* Den skuldfrie behöver ej slå ner ögonen

Torborg
Torvald

---

18 *Gullregn* Låt mig trycka dig till mitt varma bröst

Björn
Bjarne

---

19 *Ginst* Hoppas!

Germund
Jerry

---

20 *Blåklint* Det vackra är icke alltid det nyttiga

Linda
Linn

---

21 *Gåsört* Ett glatt utseende döljer ofta ett djupt känsligt hjärta

Alf
Alva

---

22 *Midsommarblomster* Jag älskar skuggan

Paulina
Paula

23 *Gul fetknopp* Jag vill övergiva allt i världen, hem och vänner, för att följa dig

Adolf

Adela

---

24 *Brudbröd* Nöj dig med blommorna, de är vackra nog, och göm dina pärlor

Johan

Jan

---

25 *Natt och dag* Om dagen tänker jag på dig, om natten drömmer jag om dig

David

Salomon

---

26 *Linblomma* Vill du aldrig bönhöra mig?

Gunni

Jim

---

27 *Fläder* Jag är helt och hållet din

Selma

Herta

---

28 *Ängshaverrot* Grannlåt utan behag

Leo

Leopold

---

29 *Skogsstjärna* I djupaste skog levde jag gärna med dig

Petrus

Peter

---

30 *Kamomill* Jag älskar odlingen, om ej odlad själv

Elof

Leif

JULI

Hömånad

Häpen jag skövlingen såg
under sommarens flyktande dagar,
samt huru rosorna snart
efter sin födelse dö

Kungsljus

1 *Älgört* Jag älskar att sprida glädje i fattigdomens boningar

Aron

Mirjam

---

2 *Blomvass* Ni är den skönaste och den enda

Rosa

Rosita

---

3 *Daggkåpa* Jag gråter av sällhet

Aurora

Adina

---

4 *Riddarsporre* Vilket medel skall man väl tillgripa för att väcka dig ur din långa tystnad?

Ulrika

Ulla

---

5 *Rosling* Allestädes på jorden finns någon skönhet att älska

Melker

Agaton

---

6 *Pion* Dina inre egenskaper har ej någon likhet med ditt yttre

Ronald

Ronny

---

7 *Förgätmigej* Låt min bild evigt bo i ditt bröst

Klas

Kaj

---

8 *Jasmin* Livets sommar är så kort, njutom då dess fröjder

Kjell

Tjelvar

---

9 *Gökblomster* Jag förgås av längtan

Jörgen

Örjan

---

10 *Tätört* Jag fruktar förtal

Anund

Gunda

---

11 *Tjärblomster* Du har fästat dig vid mig

Eleonora

Ellinor

12 *Strätta* Låt mig få bliva din "björn"

Herman

Hermine

---

13 *Sommarfibbla* Under en sträv yta döljes ofta ett känsligt inre

Joel

Judit

---

14 *Blåklocka* Skvallra icke för någon, ej ens med en blick, om det där du vet

Folke

Odd

---

15 *Kaprifol* Sörj ej den gryende dagen

Ragnhild

Ragnvald

---

16 *Johannesört* Jag genomskådar dig emellanåt

Reinhold

Reine

---

17 *Klasefibbla* Låt oss vara vänner för evigt

Alexis

Alice

---

18 *Aster(violett)* Älskar du som jag?

Fredrik

Fred

---

19 *Aster(vit)* Lugna dina upprörda känslor

Sara

Sally

---

20 *Ringblomma* Jag törs ej giva dig något hopp, ty då blir du för närgången

Margareta

Greta

---

21 *Knölsyska* Ett litet sällskap är trevligare än ett stort

Johanna

Jane

---

22 *Blodrot* Fastän mitt anlete ler, blöder likväl mitt hjärta

Magdalena

Madeleine

23 *Flugblomster* Den som en gång sett dig, glömmer dig ej

Emma

Emmy

---

24 *Torta* Om jag blir bitter mot dig, så är det ditt eget fel

Kristina

Stina

---

25 *Drakblomma* Vi kommer aldrig att fördra varandra

Jakob

James

---

26 *Kungsljus* Litet mindre stelhet skulle göra dig behagligare

Jesper

Jessika

---

27 *Hönsbär* För din skull vill jag övergiva både fader och moder

Marta

Moa

---

28 *Gulmåra* Ditt honungssöta tal förleder mig ej

Botvid

Seved

---

29 *Blågull* Vid din sida vill jag, som Jakob, drömma om en öppnad himmel

Olof

Olle

---

30 *Bönblomma* Tänk på mitt rykte

Algot

Margot

---

31 *Sandrör* Det flyktiga bör bindas

Elin

Elna

AUGUSTI

Skördemånad

Gulnade åkrarna mejar man av

Liten blåklocka

1 *Belladonna* Mitt hjärta sade mig att du var här

Per

Pernilla

---

2 *Vit fetknopp* Det starka är det sköna värt

Karin

Kajsa

---

3 *Darrgräs* Var mindre häftig

Tage

Tanja

---

4 *Backtimjan* Jag är nöjd med ganska litet

Arne

Arnold

---

5 *Gråbo* Var rask, lev väl och älska!

Ulrik

Alrik

---

6 *Ärenpris* Tag mig istället för den du inte kan få

Sixten

Sölve

---

7 *Femfingerört* Min kärlek skall skydda dig

Dennis

Donald

---

8 *Dill* Snart skall du höra av mig

Silvia

Sylvia

---

9 *Gul viol* Jag kommer!

Roland

Roine

---

10 *Älvsallat* Akta dig, jag är snarstucken

Lars

Lorentz

---

11 *Rosenvial* Jag behöver stöd, du behöver band, vi passar för varandra

Susanna

Sanna

12 *Kalmus* Hur ska jag kunna beskriva den ljuvhet jag känner i din närhet?

Klara
Clary

---

13 *Slåtterblomma* Kanske glädjens rosor knoppas, om ej förr, i livets höst?

Hillevi
Gullvi

---

14 *Blodtopp* Jag brinner av tjusning

William
Bill

---

15 *Kung Karls spira* Du behärskar mig

Stella
Stellan

---

16 *Borstnejlika* Vänta med frieri tills du får skägg

Brynolf
Sigyn

---

17 *Tulkört* Jag skall häva alla dina plågor med min kärlek

Verner
Veronika

---

18 *Gentiana* Hjärtligt tack

Helena
Lena

---

19 *Asplöv* Var lugn, jag vakar

Magnus
Måns

---

20 *Renfana* Narras icke, jag får nog veta sanningen

Bernhard
Bernt

---

21 *Dahlia (röd)* Du bär högheten på din panna

Jon
Jonna

---

22 *Dahlia (vit)* Skänk mig din kärlek

Henrietta
Henny

23 *Åkerbär* Den sällhet som din skönhet lovar, skall mångdubblas av dina dygder

Signe

Signhild

---

24 *Valeriana* Jag bjuder dig min vänskap

Bartolomeus

Bert

---

25 *Björnloka* Var försiktigare i valet av vänner

Lovisa

Louise

---

26 *Cikoria* Jag är en ordningsmänniska

Östen

Ejvind

---

27 *Groblad* Jag synes mindre än vad jag är

Rolf

Rudolf

---

28 *Fågelbär* Vad du är söt

Gurli

Gull

---

29 *Mjölkört* Jag älskar allvar och lugn

Hans

Hampus

---

30 *Fackelblomster* Behärska mig med kärlek

Albert

Albertina

---

31 *Ljung* Ni är otacksam

Arvid

Vidar

SEPTEMBER

Höstmånad

Blomstrat hava ock vi, men hastigt
den blomman dock avföll

Frukter, liljekonvalj

1 *Kantarell* Din sällsynta dygd skall bevara dig för livets besmittelser

Samuel

Sam

---

2 *Champinjon* Misstanke

Justus

Justina

---

3 *Havre* Jag delar allt med dig

Alfhild

Alfons

---

4 *Veteax* Jag är åter lycklig, ty du vredgas icke mer

Gisela

Glenn

---

5 *Korn* De äldsta vännerna är de bästa

Harry

Harriet

---

6 *Råg* Det nyttiga går framför det förnöjsamma

Sakarias

Esaias

---

7 *Hallon* Om kärleken har nöjen, så har den ock sina obehag

Regina

Roy

---

8 *Björnbär* Nu vet jag redan mer än nog

Alma

Ally

---

9 *Knölvial* Ditt höga värde är icke så bekant, som det förtjänar

Anita

Anja

---

10 *Eklöv* Var en man i livets stormar

Tord

Tove

---

11 *Ekollon* Evigt skall jag sträva efter dig

Dagny

Daniela

12 *Hässleklocka* Jag låter ingen höra det välljud som klingar i min själ, ingen annan än dig

Tyra

Åsa

---

13 *Lingon* Litet gnabb ibland skadar intet grand

Sture

Styrbjörn

---

14 *Hjärtstilla* Hur häftigt har du ej fått mitt hjärta att klappa

Ida

Ellida

---

15 *Kattfot* Ju mindre anspråk, ju lättare att dem uppfylla

Sigrid

Siri

---

16 *Hägg* Av en skön blomma blir ofta en bitter frukt, av en behagsjuk flicka en elak fru

Dag

Daga

---

17 *Gyckelblomma* Du står för högt för min kärlek

Hildegard

Magnhild

---

18 *Stinknäva* Ditt yttres fägring bedrager mig ej

Alvar

Orvar

---

19 *Nattljus* Jag föredrar att umgås med bildade människor

Fredrika

Carita

---

20 *Åkervinda* Jag vill binda dig med kärlek

Agda

Agata

---

21 *Myrbräcka* Jag är färdig att utgjuta mitt blod för dig

Ellen

Elly

---

22 *Bolmört* Ditt grannskap är mig nog

Maurits

Morgan

23 *Kungsmynta* Jag älskar livets höjder

Tekla

Tea

---

24 *Kattmynta* Månne ej ditt fina smicker gömmer någon listig avsikt

Gerhard

Gert

---

25 *Fältgentiana* Litet beskhet är ofta hälsosam

Kåre

Tryggve

---

26 *Videört* Det är icke guld allt som glimmar

Einar

Enar

---

27 *Gårdsskräppa* Det lugna husliga livet är mig kärast

Dagmar

Rigmor

---

28 *Gråfibbla* Jag rodnar så ofta jag möter dig

Lennart

Leonard

---

29 *Jordrök* Genom obetydliga medel, kunna stora ting uträttas

Mikael

Mikaela

---

30 *Gullusern* Låt oss älska medan vi är unga

Helge

Helny

OKTOBER

Slaktmånad

Vintern, helt bister,
förstör vårens grönskande blad

Frukter, murgröna

1 *Körsbär* Din kärlek är för het, stilla dig

Ragnar

Ragna

2 *Akleja* Jag är mycket medgörlig

Ludvig

Louis

3 *Rölleka* Lider du, så vill jag hela dig

Evald

Osvald

4 *Nejlikrot* Skönast är dygd som sig själv ej besjunger

Frans

Frank

5 *Kamomillkulla* Du är i vägen för mig

Bror

Bruno

6 *Malört* Den bittra kalk, du iskänkt åt mig, vill jag tömma till botten

Jenny

Jennifer

7 *Hasselnöt (omogen)* Du är för ung

Birgitta

Britta

8 *Hasselnöt (mogen)* Det blir dig en hård nöt att bita i

Nils

Nelly

9 *Kardborre* Ni är alltför efterhängsen

Ingrid

Inger

10 *Krusbär* Har jag sårat dig? O, förlåt!

Helmer

Hadar

11 *Humle* Du är upphöjd över allt förtal

Erling

Jarl

12 *Hagtorn* Jag har tålamod, ty jag är stark

Valfrid
Ernfrid

---

13 *Hagtornsblomma* Lid! Hoppas!

Birgit
Britt

---

14 *Päron* Alltid god den som ger gåvor

Manfred
Helfrid

---

15 *Odon* Jag är yr av förtjusning

Hedvig
Hedda

---

16 *Åkermolke* Odla ditt förstånd och jag skall älska dig

Fingal
Finn

---

17 *Svarta vinbär* Jag vill älskas i hemlighet

Antonia
Annette

---

18 *Röda vinbär* Man kan vara god utan att vara söt

Lukas
Matteus

---

19 *Oxtunga* Din strävhet förskräcker mig

Tore
Torleif

---

20 *Springkorn* Rör mig icke

Sibylla
Camilla

---

21 *Lagerblad* Varför så dyster och tankspridd?

Birger
Börje

---

22 *Ormbunke* Den finkänslighet jag läser i ditt väsen, vill jag vårda som den dyraste skatt

Marika
Marita

23 *Fetblad* Du kyler mig

Sören

Severin

---

24 *Penninggräs* Tag icke trollet för gullet

Evert

Eilert

---

25 *Höstfibbla* Under torftigt tak finns ofta välmåga

Inga

Ingvald

---

26 *Plommon (från en man)* Allt är färdigt för vårt bröllop, blott du samtycker

Amanda

My

---

27 *Plommon (från en kvinna)* Jag överlämnar mig åt dig helt och hållet

Sabina

Ina

---

28 *Tidlösa* Se icke framtiden i så mörka färger

Simon

Simone

---

29 *Amarant* Ditt hopp blir snart uppfyllt

Viola

Vivi

---

30 *Olvon* Er skönhet fördunklas av er kallsinnighet

Elsa

Elsie

---

31 *Måbär* Du är icke elak men ej heller god

Edit

Edgar

NOVEMBER

Förvintermånad

Ack, huru hastigt allt,
som är dödligt,
bliver förintat

Eklöv

1 *Cypress* När döden gör slut på min hopplösa kärlek, skänk då en tår på min grav

André

Andrea

---

2 *Eternell* Jag förändrar mig aldrig

Tobias

Toini

---

3 *Bok* Olyckan skall skona dig

Hubert

Diana

---

4 *Tranbär* Den ödmjuka förtjänsten må även hedras

Uno

Unn

---

5 *Benved* De tu äro ett, kunna icke även vi bliva detsamma!

Eugen

Eugenia

---

6 *Oxel* Jag mottager gärna ditt beskydd

Gustav Adolf

---

7 *Isop* Blott jag räcker dig fingret, vill du genast ha hela handen

Ingegerd

Ingela

---

8 *Balsamin (röd)* Du är min drottning

Vendela

Vanda

---

9 *Balsamin (vit)* Varför ler ej ditt öga?

Teodor

Ted

---

10 *Balsamin (violett)* En kyss? Blott en enda!

Martin

Martina

---

11 *Pepparrot* Det är ljuvt att gråta för din skull

Mårten

12 *Aloe* Jag skall vänta ända tills din kärlek slutligen blommar

Konrad

Kurt

---

13 *Ask* Jag skyr all falskhet

Kristian

Krister

---

14 *Tång* Vad naturen nekat ditt yttre, har hon mångdubbelt ersatt uti ditt inre

Emil

Mildred

---

15 *Körvel* Jag vill hela ditt hjärtas lidande

Katja

Nadja

---

16 *Liguster* Du är för het, tänk innan du talar

Edmund

Gudmund

---

17 *Åbrodd* Jag fordrar en mera brinnande kärlek om jag skall kunna besvara den

Naemi

Nancy

---

18 *Tistel* Akta dig, jag kan försvara mig

Pierre

Percy

---

19 *Lönn* Du är intet just mycket söt

Elisabet

Lisbet

---

20 *Klöver (röd)* Jag vill förbliva fri, som jag varit

Pontus

Pia

---

21 *Klöver (vit)* Neka mig blott icke vänskap

Helga

Olga

---

22 *Klöver (fyrbladig)* Låt oss njuta medan ungdomen varar

Cecilia

Cornelia

23 *Pors* Du ger mig mycket huvudbry

Klemens

Clarence

---

24 *Persilja* Ja, du blir ganska nyttig i hushållet

Gudrun

Runar

---

25 *Kummin* Litet koketteri kryddar kärleken

Katarina

Carina

---

26 *Hortensia* Oaktat din trofasta blick, misstror jag dig

Linus

Love

---

27 *Kaffe* Jag kan ej leva utan dig

Astrid

Asta

---

28 *Grönkål* Livets stormar är snart förbi

Malte

Malkolm

---

29 *Hästkastanj* Du är stolt över din skönhet, och det med rätta

Sune

Synnöve

---

30 *Basilika* Kan du ännu vredgas?

Anders

Andreas

DECEMBER

Christmånad

Allt, som har skapats, förgås;
ett slut får allt, som har börjat

Gran

1 *Renlav* Läk mitt bröst, som du har sårat

Oskar

Ossian

---

2 *Stockros* Jag begriper dig ej

Beata

Beatrice

---

3 *Pomerans* Kärleken gör dig stark

Lydia

Carola

---

4 *Granatblomma* Alla kvinnor är sig lika

Barbro

Barbara

---

5 *Gräslök* Den som tycker om dig tycker jag inte om

Sven

Svante

---

6 *Vitlök* Du är odräglig

Nikolaus

Niklas

---

7 *Fänkål* Du kommer för sent

Angelika

Angela

---

8 *Fikonblad* Ingenting är ljuvare än kärlek

Virginia

Vera

---

9 *Endiv* Du eller ingen

Anna

Annie

---

10 *Apelsin* Mildheten förmildrar

Malin

Malena

---

11 *Citron* Även när du är sur, är du angenäm

Daniel

Dan

12 *Koriander* Kärleken strålar ur dit öga

Alexander
Alex

---

13 *Saffran* Jag vill besinna mig

Lucia

---

14 *Ananas* Även på jorden kan en himmel njutas

Sten
Stig

---

15 *Rosmarin* Tag icke så illa vid dig

Gottfrid
Gotthard

---

16 *Vattenmelon* Låt var och en få ha sina nycker

Assar
Astor

---

17 *Passionsblomma* Gudsfruktan är kvinnans dyrbaraste smycke, den förutan är hon ingenting, med den är hon änglarnas like

Inge
Ingemund

---

18 *Vinruta* Efter skilsmässa följer återseende

Abraham
Efraim

---

19 *Vanilj* Du kom, segrade och försvann

Isak
Rebecka

---

20 *Citronmeliss* Du har aldrig verkligen älskat mig

Israel
Moses

---

21 *Gran* Den ton du anslår hos mig skall jag återgiva ren och klar

Tomas
Tom

---

22 *Grankvist* Min kärlek är evigt grönskande, som den

Natanael
Natalia

23 *Mistel* Jag övervinner alla hinder

Adam

---

24 *Hyacint (enkel)* Jag litar på ditt ord

Eva

---

25 *Palmblad* Kärlek och tro skola göra oss lyckliga

---

26 *Valnöt* Jag synes hård men mitt hjärta är milt och älskande

Stefan

Staffan

---

27 *Amaryllis (gul)* Bedrager icke skenet?

Johannes

Hannes

---

28 *Amaryllis(vit och röd)* Du eller ingen

Rakel

Benjamin

---

29 *Dadel* Trohet

Abel

Set

---

30 *Kork* Jag ligger för dina fötter

Gunlög

Åslög

---

31 *Vattenkrasse* Framtiden kan man lära känna om man lyssnar till hjärtats aningar

Sylvester

KOMMENTAR TILL KALENDARIET

Månadscitaten är desamma som Linné använde i en blomsteralmanacka, *Calendarium Florae*, 1756. Linnés kalendarium hade dock ett helt annan syfte, och ett helt annat innehåll än det här föreliggande.

Månadernas namn är en lätt bearbetning av de gamla svenska månadsnamnen.

Almanackan är sammanställd huvudsakligen efter det "inhemska" blomsterspråk som lanserades i mitten av 1800-talet och baserades på tolkningar av växternas utseende eller egenskaper. Jag har strävat efter att använda nu gällande svenska växtnamn. I almanackan ingår också, i mindre mån, växtbetydelser ur andra länders blomsterspråk.

Idén till blomsterspråket lär ursprungligen ha kommit från Österlandet, där kvinnorna i sina åsidosatta roller påstods ha behov av ett försynt uttrycksmedel. Det nådde Europa under förra århundradet och blev snabbt mycket populärt. Det utökades efterhand med fler växter, samtidigt som andra gavs ny innebörd. Det ledde bland annat till att samma växt ibland fick olika betydelse i olika länder. I denna blomsteralmanacka är dock tonvikten lagd på de svenska tolkningarna.

LITTERATUR

Under arbetet med Blomstertider har jag fått göra en tilltalande och lärorik djupdykning i litteratur som berör växter och växtekologi, arkeologi och kulturhistoria. Jag har också konsumerat en stor portion svensk naturlyrik. När jag lämnade manus stod fyra stycken drygt meterhöga bokstaplar vid skrivbordet (tack biblioteket i Veberöd!). Följande titlar är ett litet urval för den som vill söka sig vidare.

Alla årets dagar, Alf Henrikson, AWE/Gebers 1977

Arkeologi i Sverige, Göran Burenhult, Wiken 1982

Blomsterspråket A-Ö; Gustaf Lindgren, Gebers 1961

Blommornas språk, Fabel 1985

Blomster-Almanack, Carl von Linné, 1757, (Faksimilutg Topelius Bokförlag, 1977)

Bondens år, Sigfrid Svensson, LT 1945

Carl Linnaeus Lapplandsresa år 1732, W&W, 1965

Den Nordiska Floran, Bo Mossberg och Lennart Stenberg, W&W, 1992

Det levande landskapet i Sverige, Sten Selander, Bokskogen 1987

(3:e uppl)

Det skånska kulturlandskapet, Urban Emanuelsson m fl, Signum, 1985

Flora Poetica, Harriet Hjorth, FIB 1969

Fångstfolk för 8 000 år sedan, Göteborgs arkeologiska museum, 1988

Känn Ditt Land (3/Spår efter isen), Lars-Erik Åse, STF 1979

Landskapsblommor, Sven Gréen, LT 1976
Le livre des fleurs, Gallimard, 1983
Litterär vägvisare genom svenska landskap (1–2) Carl Olov Sommar, Rabén & Sjögren 1981
Naturen i svensk diktning, Ernst Andersson,1942
Nyaste Blomsterspråk, ur *Oumbärlig sommarhandbok*, Axel I Ståhl, 1852
Sommarpromenad, antologi i urval av Tage Nilsson, Carlssons, 1989
Svensk Flora, Carl von Linné (Flora Svecica 1755) Forum 1986
Svenska blomsterspråket, Hörbergska boktryckeriet, 1849
Svenska Landskapsblommor, Maud Reuterswärd, Fabel 1979 (5:e uppl)
Svenska växtnamn I-III, August Lyttkens 1904–1906(1981) Walter Ekstrands Bokförlag 1981
Sveriges landskapsblommor, Jan Vegelius, Raben & Sjögren, 1981 (1990)
Till Naturen, antologi i urval av Bengt av Klintberg, FIB 1972
Vilda växter i Norden, Torsten Lagerberg, Natur & Kultur, 1956 (3:e uppl)
Vår svenska flora i färg, Eric Hultén, Esselte, 1985 (3:e uppl)
Västmanlands flora, Ulf Malmgren, 1992

NAMNSDAGAR

Abel 29.12
Abraham 18.12
Ada 4.3
Adam 23.12
Adela 23.6
Adina 3.7
Adolf 23.6
Adrian 4.3
Agata 20.9
Agaton 5.7
Agda 20.9
Agnar 13.2
Agne 13.2
Agnes 21.1
Agneta 21.1
Aina 13.6
Albert 30.8
Albertina 30.8
Albin 1.3
Alex 12.12
Alexander 12.12
Alexandra 17.2
Alexis 17.7
Alf 21.6
Alfhild 3.9
Alfons 3.9
Alfred 3.1
Alfrida 3.1
Algot 30.7
Alice 17.7
Alida 22.4
Allan 22.4
Ally 8.9
Alma 8.9
Alrik 5.8
Alva 21.6
Alvar 18.9
Amalia 20.4
Amanda 26.10
Ambjörn 9.3
Amelie 20.4
Anders 30.11
André 1.11
Andrea 1.11
Andreas 30.11
Angela 7.12
Angelika 7.12
Anita 9.9
Anja 9.9
Anna 9.12
Anneli 21.4
Annette 17.10
Annie 9.12
Annika 21.4
Anselm 4.2
Ansgar 4.2
Anton 17.1
Antonia 17.10
Anund 10.7
Arne 4.8
Arnold 4.8
Aron 1.7
Artur 13.4
Arvid 31.8
Assar 16.12
Asta 27.11
Astor 16.12
Astrid 27.11
August 7.1
Augusta 7.1
Aurora 3.7
Axel 16.6
Axelina 16.6

Baltsar 6.1
Barbara 4.12
Barbro 4.12
Bartolomeus 24.8
Beata 2.12
Beatrice 2.12
Beda 27.5
Bengt 21.3
Benjamin 28.12
Benny 21.3
Berit 11.6
Bernhard 20.8
Bernt 20.8
Bert 24.8
Berta 8.2
Berthold 8.2
Bertil 11.6
Betty 9.2
Bill 14.8
Birger 21.10
Birgit 13.10
Birgitta 7.10
Bjarne 18.6
Björn 18.6
Blenda 27.5
Bo 5.6
Bodil 26.1
Boel 26.1
Borghild 28.5
Boris 5.6
Botvid 28.7
Britt 13.10
Britta 7.10
Bror 5.10
Bruno 5.10
Brynolf 16.8
Börje 21.10

Camilla 20.10
Carina 25.11
Carita 19.9
Carola 3.12
Cecilia 22.11
Charlotta 12.5
Christel 15.3
Clarence 23.11
Clary 12.8
Conny 21.5
Cornelia 22.11

Dag 16.9
Daga 16.9
Dagmar 27.9
Dagny 11.9
Dan 11.12
Daniel 11.12
Daniela 11.9
David 25.6
Dennis 7.8
Desirée 23.5
Diana 3.11
Dick 7.2
Disa 3.2
Donald 7.8
Dora 6.2
Doris 7.3
Dorotea 6.2
Douglas 13.4

Ebba 6.3
Ebbe 6.3
Eddie 18.3
Edgar 31.10
Edit 31.10
Edla 10.3
Edmund 16.11
Edvard 18.3
Edvin 11.3
Efraim 18.12
Egil 10.2
Egon 10.2
Eila 13.6
Eilert 24.10
Einar 26.9
Eira 24.1
Eivor 8.6
Ejvind 26.8
Elaine 8.6
Eleonora 11.7
Elias 17.4
Elin 31.7
Elis 17.4
Elisabet 19.11
Elise 5.2
Ella 19.2
Ellen 21.9
Ellida 14.9
Ellinor 11.7
Elly 21.9
Elma 28.3
Elmer 28.3
Elna 31.7
Elof 30.6
Elon 11.3
Elsa 30.10

Jerker 18.5
Jerry 19.6
Jesper 26.7
Jessika 26.7
Jill 16.2
Jim 26.6
Joakim 20.3
Joar 31.1
Joel 13.7
Johan 24.6
Johanna 21.7
Johannes 27.12
John 3.5
Jon 21.8
Jonas 29.3
Jonatan 9.5
Jonna 21.8
Josef 19.3
Josefina 19.3
Judit 13.7
Julia 16.2
Julius 12.4
Justina 2.9
Justus 2.9
Jörgen 9.7

Kaj 7.7
Kajsa 2.8
Karin 2.8
Karl 28.1
Karla 28.1
Karolina 20.5
Karsten 10.6
Kasper 6.1
Katarina 25.11
Katja 15.11
Kennet 29.4
Kent 29.4
Kerstin 10.6
Kim 20.3
Kjell 8.7
Klara 12.8
Klas 7.7
Klemens 23.11
Knut 13.1
Konrad 12.11
Konstantin 21.5
Krister 13.11
Kristian 13.11
Kristina 24.7
Kristoffer 15.3
Kurt 12.11
Kåre 25.9

Lage 27.2
Laila 27.2
Lars 10.8
Laura 15.1
Leif 30.6
Lena 18.8
Lennart 28.9
Leo 28.6
Leonard 28.9
Leopold 28.6
Lilian 7.5
Lill 14.5
Lillemor 14.5
Lilly 7.5
Lina 20.5
Linda 20.6
Linn 20.6
Linnea 13.5
Linus 26.11
Lisa 5.2
Lisbet 19.11
Liv 15.1
Lorentz 10.8
Lotta 12.5
Louis 2.10
Louise 25.8
Love 26.11
Lovisa 25.8
Lucia 13.12
Ludvig 2.10
Lukas 18.10
Lydia 3.12

Madeleine 22.7
Magda 1.2
Magdalena 22.7
Magnhild 17.9
Magnus 19.8
Mait 15.6
Maj 1.5
Maja 28.2
Majken 19.5
Majvor 19.5
Malena 10.12
Malin 10.12
Malkolm 28.11
Malte 28.11
Manfred 14.10
Manne 26.3
Margareta 20.7
Margit 15.6
Margot 30.7
Maria 28.2
Mariana 30.4
Marianne 30.4
Marika 22.10
Marina 22.2
Marion 25.3
Marit 6.5
Marita 22.10
Marja 2.2
Mark 25.4
Markus 25.4
Marlene 22.2
Marta 27.7
Martin 10.11
Martina 10.11
Mary 25.3
Matilda 14.3
Mats 24.2
Matteus 18.10
Mattias 24.2
Maud 14.3
Maurits 22.9
Max 1.2
Melker 5.7
Mia 2.2
Mikael 29.9
Mikaela 29.9
Mildred 14.11
Mimmi 7.4
Mirjam 1.7
Moa 27.7
Mona 4.5
Monika 4.5
Morgan 22.9
Moses 20.12
My 26.10
Måns 19.8
Mårten 11.11
Märit 11.5
Märta 11.5

Nadja 15.11
Naemi 17.11
Nancy 17.11
Nanna 5.4
Nanny 5.4
Natalia 22.12
Natanael 22.12
Nelly 8.10
Niklas 6.12
Nikolaus 6.12
Nils 8.10
Nina 13.5
Nora 17.5
Nore 17.5

Odd 14.7
Ola 19.4
Olaus 19.4
Olga 21.11
Oliver 15.4
Olivia 15.4
Olle 29.7
Olof 29.7
Orvar 18.9
Oskar 1.12
Ossian 1.12
Osvald 3.10
Ottilia 9.4
Otto 9.4
Ove 8.5

Patricia 16.4
Patrik 16.4
Paul 25.1
Paula 22.6
Paulina 22.6
Per 1.8
Percy 18.11
Pernilla 1.8
Peter 29.6
Petra 9.6

Petronella 9.6
Petrus 29.6
Pia 20.11
Pierre 18.11
Pontus 20.11
Pål 25.1

Rafael 24.3
Ragna 1.10
Ragnar 1.10
Ragnhild 15.7
Ragnvald 15.7
Rakel 28.12
Ralf 27.3
Rasmus 20.2
Raymond 27.3
Rebecka 19.12
Regina 7.9
Reidar 30.3
Reine 16.7
Reinhold 16.7
Renée 23.5
Rigmor 27.9
Rikard 7.2
Rita 6.5
Ritva 4.1
Robert 7.6
Robin 7.6
Roger 2.6
Roine 9.8
Roland 9.8
Rolf 27.8
Ronald 6.7
Ronja 8.4
Ronny 6.7
Rosa 2.7
Rosita 2.7
Roy 7.9
Ruben 20.2
Rudolf 27.8
Runa 1.6
Runar 24.11
Rune 1.6
Rut 4.1
Rutger 2.6

Sabina 27.10
Saga 8.3
Sakarias 6.9
Sally 19.7
Salomon 25.6
Sam 1.9
Samuel 1.9
Sandra 17.2
Sanna 11.8
Sara 19.7
Sebastian 20.1
Selma 27.6
Set 29.12
Seved 28.7
Severin 23.10
Sibylla 20.10
Sigbritt 15.2
Sigfrid 15.2
Sigmund 10.1
Signe 23.8
Signhild 23.8
Sigrid 15.9
Sigurd 10.1
Sigvard 25.2
Sigyn 16.8
Silvia 8.8
Simon 28.10
Simone 28.10
Siri 15.9
Siv 8.3
Sivert 25.2
Sixten 6.8
Sofia 15.5
Solbritt 4.6
Solveig 4.6
Sonja 15.5
Staffan 26.12
Stefan 26.12
Stella 15.8
Stellan 15.8
Sten 14.12
Stig 14.12
Stina 24.7
Sture 13.9
Styrbjörn 13.9
Sune 29.11
Susanna 11.8
Svante 5.12
Svea 2.1
Sven 5.12
Sverker 2.1
Sylvester 31.12
Sylvia 8.8
Synnöve 29.11
Sölve 6.8
Sören 23.10

Tage 3.8
Tanja 3.8
Tea 23.9
Ted 9.11
Tekla 23.9
Teodor 9.11
Terese 26.4
Teresia 26.4
Tiburtius 14.4
Tim 14.4
Tina 14.2
Tjelvar 8.7
Tobias 2.11
Toini 2.11
Tomas 21.12
Tom 21.12
Tony 5.3
Tora 5.3
Torbjörn 9.3
Torborg 17.6
Tord 10.6
Tore 19.10
Torgny 26.2
Torkel 26.2
Torleif 19.10
Torsten 23.2
Torun 23.2
Torvald 17.6
Tove 10.9
Tryggve 25.9
Ture 28.4
Tyko 28.4
Tyra 12.9

Ulf 11.4
Ulla 4.7
Ulrik 5.8
Ulrika 4.7
Unn 4.11
Uno 4.11
Urban 25.5
Ursula 25.5

Valborg 1.5
Valdemar 18.4
Valentin 14.2
Valfrid 12.10
Valter 29.1
Vanda 8.11
Vanja 8.4
Vega 24.4
Veine 22.1
Vendela 8.11
Vera 8.12
Verner 17.8
Veronika 17.8
Vidar 31.8
Viking 22.3
Viktor 12.3
Viktoria 12.3
Vilgot 22.3
Vilhelm 6.4
Vilhelmina 26.5
Vilma 29.1
Vincent 22.1
Viola 29.10
Virginia 8.12
Vivan 5.5
Viveka 24.4
Vivi 29.10
Vivianne 5.5
Volmar 18.4

William 14.8
Willy 6.4

Ylva 11.4
Yngve 11.2
Yvonne 24.5

Åke 8.5
Åsa 12.9
Åslög 30.12

Örjan 9.7
Östen 26.8